AI

で加速する!
起業の教科書

加納敏彦

きずな出版

はじめに

AIを使えば、誰でも起業できる時代が来た！

「起業してみたいけれど、何から始めたらいいのかわからない」

「自分には特別なスキルもアイデアもないし、起業なんて無理そう」

「ビジネスについて勉強する時間もお金もない」

もしも今、そのように感じていたとしたら、この本はまさにあなたのためにあります。

起業というと、少し前までは「大変」「お金がかかる」「成功するのは一握りの人だけ」と思われていました。しかし、その常識は大きく変わろうとしています。

なぜなら、2025年から始まったAI（人工知能）の大進化によって、起業に必要な多くの作業が、誰でも簡単にできるようになったからです。

たとえば、これまで起業するためには、

❶ビジネスのアイデアを考える
❷市場の調査をして、売れるかどうかを見極める
❸お金の準備をする
❹集客や販売の仕組みをつくる
❺事務作業をこなす

というような数多くのステップを、自分で一から学び、試行錯誤しながら進める必要がありました。もしくは、お金を払って人にお願いする必要がありました。

だから起業は「難しい」「大変」「リスクが大きい」と思われていたのです。

しかし、いまは違います。

ＡＩを活用すれば、これらの作業のほとんどを簡単にこなせるようになったのです。

❶ビジネスのアイデアが思いつかなくても大丈夫――ＡＩに相談すれば、トレンドや成功事例をもとに、あなたに合ったアイデアを提案してくれます

❷市場の調査もラクラク――ＡＩがライバルや見込み客の声を分析して「売れる商品かどうか」を事前にチェックしてくれます

❸お金の計画も簡単に――ＡＩが資金のシミュレーションをして、クラウドファンディングや補助金の活用方法までアドバイス

❹集客もＡＩにおまかせ――ＳＮＳの投稿や広告にベストな内容を考えて、最も刺さる表現で発信

❺事務作業や書類の作成もＡＩが代行――煩雑な手続きや書類の作成も大きく負担が減ります

こうしたＡＩのサポートがあれば、たとえ起業の「知識ゼロ」「経験ゼロ」でも、自分一人でも、安心してビジネスをスタートできるのです。

いま、起業は「特別な人のもの」ではなくなった

これまで、起業というと一部の特別な人だけが挑戦するものと思われがちでした。

しかし、テクノロジーの進化や働き方の多様化によって、誰もが小さく始めて「自分らしいビジネス」を育てていける時代になっています。

特に、副業の解禁やオンラインビジネスの広がりによって、

・40〜50代の会社員が、週末起業やセカンドキャリアとしてビジネスを始めるケース
・家事や育児と両立しながら、オンラインで収益を得る主婦・主夫の方々
・フリーランスとしてスキルを活かしながら、複数の収入源をつくる人たち

こうした多様なスタイルの起業が、当たり前になりつつあります。

そして、進化したAIを活用することで、よりスムーズに、よりリスクを抑《おさ》えながら、ビジネスを軌道《きどう》に乗せることができるのです。

私はAI実践家として、またコーチングとお金の専門家として、多くの方のビジネス

やライフプランをサポートしてきました。

2018年に大手金融機関から独立し、金融商品を販売しない完全中立なアドバイザーとして、相続・資産運用の相談からAIやNFTを活用した副業・起業のアドバイスまで、多岐にわたるコンサルティングをしています。

さらに、企業向けにはChatGPTの社内導入や研修、NFTを活用した資金調達のサポートを手掛け、AIがビジネスの現場でどのように活用できるかを助言。大学ではAIを活用した社会参画やキャリア形成をテーマに学生に講義をし、次世代の育成にも力を入れています。

こうした経験を通じて「最新のAIを使えば、誰でも起業が可能になる」と確信しました。起業のハードルを下げ、より多くの人が新たな一歩を踏み出せるようにする――それこそが、本書を執筆した最大の理由です。


この本で、あなたの未来を変えていきましょう

本書では「ＡＩを活用すれば起業はこんなにラクになる」ということを、具体的なステップとともにわかりやすく解説していきます。

「自分にできるかな」と思っているあなたにこそ、この本を読んでほしいです。

ＡＩを味方につければ、

「特別なスキルや知識がなくても、起業は意外と簡単にできる」

ということが、きっと実感できるはずです。

さあ、新しい一歩を一緒に踏み出しましょう。

目次

第2章 AIを使えば、起業はこんなに簡単になる！

第3章 「アイデアがない……」でもAIに聞けばすぐに見つかる！

第4章 売れる商品・サービスもＡＩが教えてくれる

第5章 「お金の不安」もＡＩで解決できる！

第6章

SNS×AIでラクラク集客&売上アップ!

第7章

ＡＩを活用して「長く続くビジネス」をつくる

AIで加速する！起業の教科書

※本書は、あくまで情報の提供を目的にしたものであり、いかなるビジネスや投資などの推奨・勧誘を行うものではありません。本書の情報を利用した結果として何らかの損失が発生したとき、著者・協力者および出版社は、理由の如何を問わず、一切の責任を負いません。ビジネスや投資などに関わる最終決定は、ご自身の判断でお願いします。

※本書の情報は2025年3月時点のものであり、法律・制度などは予告なく変更になる場合があります。特にAIの分野は変化が速いです。細心の注意を払っていますが、情報の正確性や完全性を保証するものではありません。制度や法律などの詳細などについては、各行政機関や専門家に直接お問い合わせください。

※本書は、AIの専門用語や法律用語などを一部、わかりやすく表現し直しています。正しい用語が知りたいときは、各行政機関や専門書などでお確かめください。特に「AI」「生成AI」という表記を意図的に混合させて使用しています。

第1章

なぜ、これまで起業は難しかったのか？

「起業はリスクが高い」という常識

これまで、多くの人が「起業はリスクが高い」と思い込んでいました。

それもそのはず、以前の起業は資金、時間、知識、そして人脈のすべてが必要とされ、特に資金面でのリスクが大きかったからです。

たとえば、昔ながらの飲食店や小売業を始める場合、まず店舗を借りる必要があります。これには敷金・礼金、内装費、設備投資などで数百万円から数千万円はかかるのが一般的でした。

さらに、開業後もしばらくは売上が安定しないので、運転資金を確保しておく必要があります。これらを考えると、たとえやる気があっても「資金面で無理だ」「リスクが高すぎる」と諦める人が多かったのです。

また、起業には時間と労力がかかるという点も、大きなハードルでした。

□ビジネスのアイデアを考える
□商品やサービスを開発する
□顧客を見つける
□販売する
□経理や事務作業をこなす

これらをすべて自分で行うのは簡単ではありません。

特に、会社員として働きながら起業するときは、本業との両立が大きな負担となり、途中で挫折するケースも少なくありませんでした。

さらに、多くの専門的な知識が必要という問題もありました。

ビジネスを立ち上げるには、

□マーケティング
□お金の管理
□法律
□事業領域の専門知識

など、たくさんの分野の知識がいります。

これまでは、本を読んだりセミナーに通ったり、専門家にお金を払ってやってもらったりと、多くの時間と費用をかけなければなりませんでした。そのため「自分にはビジネスの知識がないから無理」と感じてしまう人が多かったのです。

人脈の問題もあります。これまでの起業では、ビジネスパートナーや顧客、投資家などとの人脈があるかが成功の大きなカギでした。

人脈がない人にとっては、誰に相談すればいいのか、どうやって顧客を見つければいいのかわからず、不安を感じることが多かったのです。

集客のための広告費も必要となり「お金がないとお客さんを集められない」という現実

が、多くの人の起業を阻《はば》んでいました。

これらの要因が重なって、

「起業は一部の特別な人だけができるもの」

「大きなリスクを背負う覚悟がないと無理」

などという常識が定着していたのです。

しかし、ＡＩの登場によって、これらの課題が一気に解決され始めました。

本書では、ＡＩを活用することで、資金面・時間・知識・人脈の壁をどう乗り越えられるのかを、具体的なステップとともに解説していきます。

アイデアを考えても形にするのが大変だった

起業を志す多くの人が「いいアイデアさえあれば成功できる」と考えがちです。

しかし、現実にはアイデアを思いついたとしても「それを具体的なビジネスとして形にするのがとても難しい」という壁にぶつかります。

たとえば、

「○○のカフェを開きたい」

「××のオンライン講座を始めたい」

「△△のオリジナルのアクセサリーの販売をしたい」

などと考えたとします。

これらの想いやアイデア自体は素晴らしいですが、実際にビジネスとして成立させるには、多くの課題をクリアしなければなりませんでした。

❶どこから始めればいいかわからなかった

多くの人が最初にぶつかるのが「何から手をつければいいのかわからない」という問題です。

ビジネスの具体的な構想をつくり、事業計画を立て、実行に移すまでのプロセスにはさまざまなステップがあり、初心者にとってはハードルが高く感じられます。

もしもカフェを開くとしたら、

- **□立地選び**
- **□メニューの開発**
- **□許認可の取得**
- **□集客の戦略の策定**

など、多くのことを考えなければなりません。
オンライン講座なら、

□他の講座との差別化
□素晴らしい教材の開発
□受講生の募集
□適切なプラットフォームの選択

などを考える必要があります。
アイデアを形にするためには、発想以上にこれらの知識が必要でした。

❷ビジネスとして成り立たせるのが難しかった

アイデアがあっても、それをどのように収益化するかを考えなければなりません。

多くの起業初心者の方が「このアイデアは面白い」と思っても、ビジネスとして継続するための仕組みがつくれないため、最初の段階でつまずいてしまうのです。

たとえば、

「○○の貴重な材料を使って、手づくりのアクセサリーを販売したい」

というアイデアがあったとしても、

□どの価格帯で販売するか？
□どういう人を中心的な見込み顧客に選ぶか？
□他の手づくりアクセサリーとどう差別化するか？
□継続的に買ってくださる方をどうやって増やすか？

などのビジネスの設計が不十分だと、せっかくのアイデアがあってもこれまでは実現できませんでした。

❸実行に移すためのスキルが必要だった

アイデアを形にするには、ビジネスの設計や商品の開発、資金の管理、ブランディングなど、さまざまなスキルが必要です。

しかし、起業初心者の方の多くは「何を学べばいいのかわからない」「専門的な知識がない」と感じ、そこで立ち止まってしまいます。

□商品の魅力を伝えるキャッチコピーづくり

□SNSを活用した集客

□効果的なWebサイトの作成

などといったスキルを求められる場面がたくさんありますが、これらをゼロから学ぶのは時間も労力もかかりました。

❹必要なリソース（人・お金・時間）の確保が難しい

アイデアを形にするには、資金だけでなく協力者や時間の確保も必要です。

しかし、

「資金がないから開業できない」

「一人でやろうとすると時間が足りない」

「信頼できるパートナーや協力者がいない」

といった理由で、実現が難しくなってしまうことも少なくありませんでした。

いま、時代は変わりました。ＡＩを活用すれば、これらの壁を乗り越えられるようになったのです！

これまでの常識では、こうした課題を解決していくにはたくさんの時間と労力がかかりました。

しかし、ＡＩを活用することで、このプロセスを圧倒的にスムーズに進めることができます。

□アイデアの整理と市場の分析

↓ＡＩが市場のトレンドや競合分析を行い、売れそうなアイデアを洗い出す

□集客と販売

↓ＳＮＳ投稿や広告戦略をＡＩが考え、効果的な集客や販売ができる

□資金計画

↓ＡＩを使ってお金の計画を立て、成功確率を高めてリスクを抑える

このようにＡＩを使えば、これまで「難しい」と思われていた起業のプロセスを効率的に進められます。

やり方がわからなくても教えてくれるし、仕事も一緒にやってくれます。一人ひとりに専門のコンサルタントがついたようなものなのです。

市場の調査や競合の分析に時間とお金がかかった

起業するときに特に大切なのが「市場の調査」と「競合（ライバル）の分析」です。

なぜなら、どんなに素晴らしいアイデアがあっても、それを必要とする人がいなかったり、すでに強力なライバルが市場を独占していたりすれば、成功するのはかなり難しいからです。

その上、市場の調査や競合（ライバル）の分析には、これまではたくさんの時間とお金がかかりました。大企業ならリサーチ会社に頼むことで、詳細なデータを手に入れることができますが、それには何十万円、場合によっては何百万円もの費用がかかります。

個人の起業家や小規模なビジネスにとって、これはほぼ無理でした。

❶市場のニーズを把握するのが大変

たとえば、飲食店を開業しようと考えたとき、

□どの地域にどんな飲食店が足りないのか?

□その地域の見込み客は、どのような料理やサービスを求めているのか?

などを調べるためには、現地を訪れて観察したり、アンケート調査をしたり、専門のレポートを購入したりしなければなりませんでした。

また、オンラインで情報を集めようとしても、信頼できるデータを見つけるのは簡単ではなく、時間ばかりがかかってしまうことが多かったのです。

❷競合の分析が複雑で時間がかかる

競合の分析は、ビジネスを成功させるための大切なステップですが、個人で行うにはこ

れまで大変な作業でした。

□ライバルのWebサイトやSNSを調査し、商品・サービスの特徴や価格帯を分析する
□顧客の口コミや評判を調べ、ライバルの強み・弱みを洗い出す
□実際にライバルの店舗やオンラインサービスを利用して体験を比較する

このような作業は大変な時間がかかりますし、情報を集めても正しく分析できるとは限りません。また、ライバルと見なす対象を間違えてしまう可能性もあります。

かなりの専門の知識がなければ、どこをライバルと設定して、どうデータを集めて、どう分析して、どうビジネスに活かせばいいのかわからないでしょう。

❸AIを活用すれば、市場の調査や競合の分析が簡単に

でも、時間とお金のかかるこれらの大変な作業も、AIを活用すれば大きく効率化できます。2025年に入ってAIのリサーチ能力が大きく高まったのです。

①ＡＩがリアルタイムで市場を分析

↓たとえば、ChatGPTやグーグルのGeminiなどのＡＩツールを使えば、最新の市場トレンドや消費者の関心をすぐにつかめます。

②競合の情報もラクに収集

↓ＡＩを使えば、ライバルのＷｅｂサイトやＳＮＳの情報を簡単にまとめ、価格やサービスの違いを比較することができます。

③口コミや評判も簡単に分析

↓ＡＩが数千件のレビューを短時間で読み取り、ライバルの強みや弱みを一覧化することも簡単です。

□ターゲット顧客の傾向もつかみやすい

ＡＩは、ターゲット顧客の年齢層や関心、購買パターンをデータから分析して、効果的な提案をしてくれます。

これによって、これまで何週間もかかっていた市場の調査や競合の分析が、たった数日、場合によっては数時間で終わるようになったのです。

❹ＡＩを活用して、最小の労力で最大の成果を

このように、個人の起業家でも大企業に負けない市場の分析やライバルの調査ができるようになりました。これから起業する方は、リスクを最小限に抑えながら成功へと近づけるのです。ＡＩが一番活躍するのは、ここだと感じています。

第４章で詳しく解説するので、楽しみにしていてください。

集客が難しく、広告費がかかる

どれだけよい商品やサービスをつくっても、お客さんに知ってもらえなければ売れない。これも、起業したい方が最初にぶつかる大きな壁です。

そして、集客にも時間やお金もかかるため「売れるまでが大変」というのがこれまでの起業の常識でした。

ここでは、そうした「これまでの常識」をあげて、一つひとつを見ていきましょう。それをすることで、あなたが「起業」しようとしたときに、何が課題になるのか、それをどうクリアしていくかということがイメージできるようになります。

❶集客＝お金がかかるものだった

以前は、集客といえば広告を出すのが主流でした。テレビCMや新聞・雑誌の広告は、数百万円単位の費用がかかるので、個人が手を出せるものではありませんでした。

インターネットが広まってからも、グーグル広告やフェイスブック広告を使うにはかなりの専門知識が必要でした。

プロに代行を頼むとそれだけですぐに月に数十万円がかかります。また自分でやるのもほとんどの方にとって難しいでしょう。

また、ネット広告だけでなく、自分で動く集客も大変でした。

たとえば、新しくカフェを開いたとしても

「お客さんを呼ぶために魅力的なチラシをつくる」

「チラシを配る」

「HPやSNSに継続的に投稿する」

などといった大変な手間が必要でした。

でも、どれだけ頑張っても、認知度を高めるのにも実際に来店いただくのにも、かなりの時間がかかるのが現実でした。

❷SNSの時代になっても、時間とスキルが必要だった

最近は、ユーチューブやインスタグラム、X（旧ツイッター）などのSNSを活用すれば、広告費をあまりかけずに知ってもらえたり、集客したりできるようになりました。

でも「SNSでバズれば売れる」という単純な話でもありません。バズるのも難しいですが、もしバズったとしてもそれだけでは意味がありません。

その後も継続的に投稿して、フォロワーを増やし、信頼を積み重ねていく必要があるのです。だから多くの人が途中で挫折してしまいます。

さらに、効果的な発信のコツをつかむのが難しいのも課題でした。

「どんな投稿をすればいいのか?」

「どうすれば見てもらえるのか?」

がわからず、適当に投稿を続けてもフォロワーは増えず、集客にもつながらない。そういうケースも少なくありませんでした。

❸ AIを使えば、集客の壁が一気に低くなる

では、AIを活用すると集客はどう変わるのでしょうか?

①AIが「どんな投稿をすればいいか」教えてくれる

たとえば、ChatGPTやGeminiに「美容サロンのインスタグラムで反応がいい投稿のアイデアを出して」と頼めば、ターゲット顧客に刺さる投稿ネタをいくつも提案してくれます。

また、AIがいま流行っているトレンドを分析し、「この内容を投稿すると効果的」と

アドバイスしてくれます。投稿する文章もAIがつくってくれます。

②SNS投稿や広告の文章をAIでつくれる

これまで、集客用のブログ記事やSNSの投稿を一つつくるだけでも、数時間かかることがありました。

でもAIを使えば、キーワードを入力するだけで、キャッチコピーや投稿文を一瞬で書いてくれます。私たちはそれをさっと修正すればいいのです。AIの文章作成の能力も日ましに高まっています。

「忙しくてSNSを投稿する時間がない」という人でも、一日5分間のAI活用で、継続的な集客ができるようになってきています。

③広告のターゲット設定や運用もAIがサポート！

これまでは、広告を出しても「どのターゲット層に届けるか」を決めるのが難しく、うまくいかなければ広告費がムダになることもよくありました。

しかし、いまではグーグルの広告やフェイスブック広告がＡＩで最適化され、少ない予算でも効果の高いターゲットに広告を届けられるようになっています。

❹ＡＩ時代の集客は「ラク」で「低コスト」！

これまでの起業では、

「お金がなければ集客できない」

「時間をかけなければ認知度が上がらない」

と思われていました。


でもＡＩを活用すれば、低コストで、時間をかけずに、効率よく見込み客の方にリーチできるようになりました。

特に、個人起業や副業では、

「広告にお金をかけられない」

「一人で全部やるのが大変」

という悩みがつきものでした。でもＡＩをうまく使えば、

□広告費を抑えながら効果的に集客できる

□ＳＮＳやブログの発信をラクに続けられる

□一人起業でも、ＡＩが「集客アシスタント」になってくれる

という環境が整ってきたのです。

これまで、起業で最も難しかったことの一つが「見込み顧客を集めること」でした。

広告を出すにはお金がかかり、ＳＮＳを活用するには時間とスキルが必要だったので、多くの人が「集客が大変すぎる」と悩んでいました。

でも、最新のＡＩを活用すれば、低コストでラクに集客できる時代になったのです。

いまでは、一人でも「まるでサポーターチームがいるような感覚」で、効率的に集客を進めることができます。６章で具体的に解説します。

お金を集めるハードルが高かった

「起業したいけれど、お金がないから無理だ……」

これは、昔から多くの人が抱えていた悩みです。

起業には「資金ゼロでは始められない」というイメージが強く、お金を集めるハードルが多くの人にとって大きな壁になっていました。しかし、ＡＩや様々な制度を活用できるようになり、この常識も大きく変わりつつあります。

❶昔の起業は「資金集め」が大変だった

これまでの起業では、次のような理由でお金を集めるのが難しかったのです。

①初期の費用がかかりすぎる

たとえば店舗を開きたいとき、賃貸契約の保証金や内装費、設備への投資などで数百万円〜数千万円の初期費用が必要でした。

また、商品を開発するときも、仕入れ費用や製造コストがかさむので「とにかく最初にお金がかかる」ことが当たり前でした。

「資金ゼロで起業なんて無理」と、多くの人がスタートラインに立つ前に諦めてしまっていました。

②銀行の融資のハードルが高い

「資金が必要なら銀行から借りればいいのでは？」と思うかもしれません。

でも、銀行の融資には審査の厳しさという大きな壁がありました。

銀行は「確実に返済できる人」にしかお金を貸したがりません。

そのため、実績のない起業初心者にとっては、

□事業計画書の作成
□売上予測の提出
□担保や保証人の確保

など、多くの準備が必要でした。さらに、実績のない個人が融資を受けられたとしても、数百万円程度の小口融資にとどまり、大きなビジネスには向かなかったのです。

❷ＡＩを使えば「お金のハードル」が一気に下がる

では、ＡＩを活用すると、資金調達のハードルはどう変わるのでしょうか？
大きなポイントは「そもそも資金がほとんどいらない起業ができる」ということです。

①ＡＩを活用すれば、初期の費用を大きく減らせる

これまでの多くの起業では「お金がないと無理」だったのに対し、ＡＩを活用すれば
・無店舗・オンライン起業の方法をＡＩが考えてくれる

・商品の開発コストが減らせる
・広告費もＡＩを使って最適にできる
といった形で、資金がなくてもビジネスをスタートできるようになりました。

たとえば、これまで「Ｗｅｂサイトをつくるのに数十万円かかる」と言われていたのが、ＡＩを活用すれば、無料または低コストでプロ並みのサイトをつくれるようになっています。

また、ＳＮＳやＡＩツールを使えば、広告費ゼロでも集客がかなりできるようになりました。コロナ禍によって、オンラインで人とつながることが広まったことも、無店舗・オンライン起業のハードルを一気に下げています。

②クラウドファンディングで資金を集めやすくなった

「最初の資金が少しは必要……」というときも、たとえばクラウドファンディング（ネットで多くの人から少しずつ資金を集める仕組み）を使えば、銀行から借りなくてもお金を集めることができます。

特に、ＡＩを活用すると、

・支援者に響くキャッチコピーや文章を簡単に生成
・ＰＲのための画像や動画もＡＩが作成

といった形で、クラウドファンディングの成功率を上げられます。

③ＡＩが「売れるビジネスの仕組み」をつくるのを手伝ってくれる

「お金がないから起業できない」のではなく「お金をかけずに儲《もう》かる仕組みをつくる」という発想が、ＡＩ時代にはできるようになってきています。

たとえば、

・ChatGPTに「低コストで始められるビジネスを教えて」と聞く
・ＡＩを使って「利益率の高いビジネス」の仕組みを設計する
・「小さく試して、お金をかける前にニーズを確認する」

などといった方法を活用すれば「資金ゼロでも成功する起業」が現実的になります。5章で詳しく解説していきます。

「一人で全部やる」のが当たり前だった時代

これまでの起業は、何もかも一人でこなさなければいけませんでした。

ビジネスのアイデアを考え、市場の調査をし、お金を集め、商品をつくり、広告を出し、顧客の対応をし、経理もやる……。時間も労力もとてもかかり、「やることが多すぎて続かない」一人がほとんどでした。しかし、ＡＩが進化した今、「一人で全部やる」時代は終わりました。ＡＩを活用すれば、起業したい人や起業家は、本当に大事な仕事に集中できるようになります。

❶これまでは「何もかも自分でやる」のが当たり前だった

これまでの起業では、すべての業務を自分でこなさなければなりませんでした。

特に、スモールビジネス（小さな規模のビジネス）や個人事業主としての起業では、次のような仕事を一人で抱え込むことが普通でした。

□商品・サービスの企画・開発
□市場の調査と競合の分析
□資金の調達とお金の管理
□集客・広告・ＰＲ
□顧客の対応（問い合わせ、クレームの対応）
□経理・税務・契約の管理

すべての業務をこなすには、大変な時間と労力が必要でした。

その結果、多くの起業家が次のような悩みに直面していました。

「やることが多すぎて、肝心の事業に集中できない」

「専門知識が足りなくて、うまくいかない」

「時間が足りず、売上につながる仕事ができない」

「結局、忙しいだけで儲からない」

これが、「起業は大変」「続けるのが難しい」といわれてきた理由の一つです。

❷ＡＩを活用すれば、仕事を「高速化」できる

では、ＡＩを活用するとどう変わるのでしょうか？

あとの章で詳しく解説しますが、先に結論を言うと「自分でやらなくていい仕事」が一気に増えます。ＡＩは、これまで起業家が一人でこなしていた業務の多くを「代行」し「高速化」してくれるのです。

たとえば、ここまでも見てきたように、次のようなことがＡＩの力でラクにできるようになりました。改めてまとめます。

□ChatGPTやGeminiにビジネスアイデアの相談
↓「○○の分野で起業したい」と伝えるだけで、アイデアを提案してくれます。
□AIで市場の調査や競合の分析を効率化
↓競合の動向をAIが分析し、売れそうなポイントを教えてくれます。
□SNSの投稿や広告をAIが考えてくれる
↓インスタグラムやX（旧ツイッター）の投稿文をAIがスピーディーに作成してくれます。
□経理や税務の処理をAIで効率化
↓会計のソフトとAIを連携すれば、請求書の発行や帳簿の管理も自動化してくれます。

つまり、これまで「時間が足りなくて手がまわらなかった仕事」を、AIがどんどん肩代わりしてくれるのです。

❸ＡＩ時代の起業は、一人だけど一人じゃない

ＡＩを活用していると、たとえ一人で起業したとしても、まるで「サポーターチーム」を持っているような感覚になります。

□ChatGPTやGeminiが「企画・ブレスト担当」
□ChatGPTやGeminiが「市場分析の担当」
□CanvaのＡＩ機能が「デザイン担当」
□グーグル広告のＡＩが「マーケティング担当」
□会計ソフトのＡＩが「経理やお金の管理の担当」

これらのＡＩツールを組み合わせれば、起業に必要な仕事の8割以上がＡＩでカバーできるようになっています。これまでは「誰かに頼みたくても、お金がないから無理」と

いうことがよくありました。でもいまでは、ＡＩを使えば「無料または低コストで、チームを持つ感覚」で起業できるのです。

❹自分にしかできないことに集中できる

ＡＩを活用することで、起業家は「自分にしかできないこと」に集中できるようになります。

- □ビジネスの方向性を考える
- □顧客と向き合う時間を増やす
- □コミュニティやネットワークを広げる

など、起業の本質は、お客様の悩みを解決し、価値を提供することです。

そのためには「ＡＩでできること」をどんどん任せて、私たち起業家は「人と向き合う仕事」に集中することが大切なのです。

ＡＩをうまく活用すれば、起業はもっとラクに、もっと楽しくできるようになります。

第2章

AIを使えば、起業はこんなに簡単になる！

最新のＡＩを使いこなして、起業を加速させよう

まず、ＡＩが起業の準備をどれほどラクにしてくれるのかを、改めて整理してみましょう。

１章で「ＡＩによって起業が簡単になった」とお話ししました。その背景には最新の生成ＡＩ（ChatGPTやGeminiなど）が「ビジネスの相談役」「作業の代行者」として、非常に高性能になったことがあります。

❶低コストで、優秀な秘書・コンサルタントを雇える

OpenAI社のChatGPTと、グーグル社のGemini。この２つは、ともに無料プランでもと

ても優秀です。競争が激しくなり、これまで有料プランでしか使えなかった高度な機能を無料プランにも導入したのです。

でも、本気で起業のために使いこなすのであれば、月々20ドル（3000円前後）の有料プランにする価値が大いにあります。

「AIにお金を払うのはちょっと」と思う方もいるかもしれませんが、優秀な起業のコンサルタントやアドバイザーを個別に雇ったり、秘書や事務スタッフをフルタイムで雇ったりすることを考えたら、この月々3000円という投資は破格といえます。

しかも、AIが24時間いつでも働いてくれることを考えれば、むしろ「安すぎる」と感じる方も多いはずです。

たとえば「夜中に急にアイデアを思いついたので、すぐに市場を調べたい」といったときでも、AIに質問すればすぐに答えが返ってくるのです。人間相手では考えられないことです。

❷「やることリスト」が一気に整理される

特に起業の初期は、やるべきことが山ほどあります。

- □ビジネスのアイデアの検討
- □市場の調査
- □集客の戦略
- □資金の計画

こういうときに、ＡＩに「起業を始めるときに必要な作業をリストアップして」と投げかけてみましょう。すると、一般的な起業プロセスをおおまかに一覧化してくれます。

さらに「オンラインでの副業ビジネスを始めたいのだけど」と追加の条件を伝えれば、より具体的な作業リストにブラッシュアップできます。ＡＩが助けてくれるので、あなたはもう「知識がない」「やり方がわからない」と悩む必要がなくなりました。

自分ひとりで考えるよりも圧倒的に早く情報がまとまるのです。

❸「自分でやるべきか」「外注すべきか」

最新のＡＩを活用すれば、起業に必要なほとんどの作業を「自分でやるか」「外注するか」を判断しやすくなります。

たとえばＷｅｂサイトの作成やＳＮＳ運用が苦手であれば、ＡＩに「お勧《すす》めの外注先や費用相場」を聞いてみるとよいでしょう。

ざっくりした目安を把握したうえで、その部分はプロに任せるのか、それともＡＩツールを使って自分でやるのかを決められます。

これまでは、この情報をネットで探すだけでも数日かかったかもしれません。でも、ＡＩに相談すれば数分で、

「やるべきこと」

「できれば任せたいこと」

「どうしても自分がやるべき重要なコア業務」

この3つに仕分けができるようになります。

❹これからはＡＩなしで起業するのは不利

「ＡＩを使わないと起業できない」というわけではありません。しかし、これだけ便利な道具があるのに使わない手はない、というのが正直なところです。

むしろ、多くの人がＡＩをフルに活用して市場の調査やプロモーションをやり出す前に、一気に起業を進めたほうが有利です。

これから起業をする人にとっては、ＡＩを使いこなすことが「最低限の当たり前」になっていくかもしれません。

次から、ChatGPTとGemini、2つの代表的なＡＩサービスについて、より具体的に見ていきます。まずはこのどちらかを使えるようになりましょう。

ChatGPT vs Gemini どちらかをまず使ってみよう

起業をサポートしてくれるＡＩとして、私が特にお勧めしているのが対話型のＡＩである「ChatGPT」と「Gemini」です。

対話をしながらどんどん考えを発展させられます。自分の希望や考えをＡＩに伝えることで、より自分に合ったアイデアや戦略にしていくことができるのです。

たとえば「○○業界で、これまでありそうでなかった新規ビジネスのアイデアを出して」などとお願いすれば、その知識の広さを活かして、創造的なアイデアをたくさん提案してくれます。新しいアイデアを考えるのが楽しくなってきます。

このOpenAI社のChatGPT、グーグル社のGeminiは、機能や料金プランに多少の違いはありますが、どちらも「無料プランでもとても優秀」なレベルです。
ここでは、それぞれの特徴を整理してみます。

❶ChatGPTは「総合的に何でも役立つ」のが魅力

ChatGPTは2022年末にリリースされて、世界中で一気に利用が広がりました。シェアナンバー1を維持し続けていて、インターネット上にはChatGPTの活用ノウハウが豊富に出まわっています。初心者の方でも情報を得やすいのが強みです。

さらに、月々20ドルの有料プラン（ChatGPT Plus）にアップグレードすると、より高性能なモデルをたくさん利用できるようになります。たとえば、

□論理的な文章の作成
□高度なインターネット検索やリサーチ機能
□高度な音声モード
□作業ごとにいくつでもカスタマイズできる「プロジェクト」

などの機能がたくさん使えます。

たとえば、

「商品説明をセールスコピーライターとして書いてください」

「自社の商品と競合の商品を比較して、どこを差別化すればいいか、アドバイスしてください」

といった指示にも、納得感のある回答を素早く返してくれるのです。

ビジネスのアイデア出しから市場の分析、文章の作成まで、オールラウンドに活躍してくれる「万能型ＡＩ」と言えます。ＡＩを初めて使う方や、愛用しているサービスがまだない方は、ChatGPTをまず使うことをお勧めします。

■ChatGPT　https://chatgpt.com/

❷Geminiは「グーグルサービスとの連携」が魅力

一方で、グーグル社のGeminiは、Gmailやグーグルドキュメントといった、グーグルのサービスとスムーズに連携できるのが素晴らしいです。普段からグーグルサービスを中心に仕事をしている方には、自然な流れで導入しやすいでしょう。

たとえばGmailに届いた問い合わせメールをGeminiに要約させ、返信文案を生成させることも簡単です。

また、ドキュメントやスプレッドシートにあるデータを読み込んで、必要な情報を整理・分析してくれるなど、グーグルサービスを使い倒している方にとっては手放せないパートナーになるでしょう。

有料プラン（Gemini Advanced）に入ると、より高性能なモデルが使えたり、大容量のデータ解析ができたりします。本格的な起業を考えている方には有料プランがお勧めです。

■Gemini　https://gemini.google.com/

❸どちらを使うのがいいかで迷ったらChatGPT

まずは「ChatGPTかGeminiか」を悩みすぎるより、どちらも無料で使ってみましょう。

それぞれのサービスを数日試せば、自分との相性を肌感覚でつかめます。

そのときは、まったく同じ指示をそれぞれに出してみましょう。そうすると能力や特徴がつかみやすくなります。それでも迷ったら、まずはノウハウが豊富に探せるChatGPTがいいでしょう。

大事なのは「ＡＩを使う習慣をつくる」ことです。最初は戸惑うかもしれませんが、慣れてくると「こんなことまでＡＩに頼めるのか！」と気づく瞬間がどんどん増えます。

❹有料プランを1か月だけ試してみよう

もし起業やビジネスの拡大を本気で目指しているなら、最初から有料プランを契約するのをお勧めします。まずは「1か月だけ使ってみる」と決めて、期間限定で課金してみましょう。

その1か月のあいだに、ビジネスのアイデアを固めたり、市場の調査を一気に済ませたりするなど、ＡＩをフル活用してみるのです。１か月集中して取り組みます。

そうすると「月々３０００円でこんなにできるなら続けよう」ときっと感じるでしょう。

また、もしも「自分には合わない」と思えば、キャンセルすればいいだけです。

いずれにしても、ＡＩへの投資はリスクが低く、メリットがとても大きいのです。

❺対話型のＡＩをうまく使うコツ

ここで、ChatGPTやGeminiなどの対話型ＡＩを上手に使うコツを２つ紹介します。

①人と会話するつもりで使ってみる

１つめは「人にお願いするようにＡＩに仕事を指示する」ことです。つまり、自分だけの起業の相談相手だと思ってフランクに話しかけて、適宜こちらの意図や考えを補足しながら対話を進めると、どんどん素晴らしい案になっていきます。

相手がＡＩだと思うより、人間のパートナーだと思って指示したほうが、活用しやすい人が多いです。

②修正の指示を遠慮なく伝える

2つめのコツは「修正のお願いは、AIだと思って遠慮なく伝える」ことです。1つめのコツと矛盾するように見えますが、AIには感情がありません。

だからAIが提案したことがいまいちだと感じたら「これはいまいちです。もっとよい案を出してください」などとストレートに伝えればいいのです。

「ダメ」「いまいち」「つまらない」などとはっきり伝えるのは、人間相手だと「パワハラ」などと見なされるリスクがあるのでとても気を遣います。

でもAIには気を遣わなくていいのです。何でもはっきり明確に伝えたほうがAIも理解しやすく、よりよい案に変わりやすいです。ぜひこの2つのコツを頭に入れておきましょう。

AIを自分専用のコンサルタントに改良しよう

ChatGPTやGeminiにあなたの「起業のパートナー」として大活躍してもらう秘訣を紹介します。それは「AIを自分専用にカスタマイズ（改造）する」ことです。

つまり、AIに自分のことを知ってもらえば、AIが提案してくれるアイデアなども自分によりピッタリのものが出てくるわけです。

AIをあなた専用の強い味方にしていきましょう。

❶ChatGPTを「カスタム指示」で改良しよう

ChatGPTでは「カスタム指示」と呼ばれる機能があり、ChatGPTをあなた専用にカスタマイズできます。この機能は、ChatGPTの無料プランでも使えます。

あなたのプロフィールや目的、好みなどを事前に設定できるのです。この設定をしておけば、自分のことを毎回、ChatGPTに教えなくてもよくなります。

これだけでChatGPTはあなたに合わせたアドバイスや提案を常にしてくれるのです。


【具体的な手順】

①自分のアイコンをクリックし「ChatGPTをカスタマイズする」を選択
②「ChatGPTは、あなたをどのようにお呼びすればよいでしょうか?」の欄
↓呼ばれたい名前を入力
③「お仕事はどのようなことをされていますか?」の欄
↓いまの仕事や起業後にしたい仕事を入力
④「ChatGPTにどのような特徴を求めていますか?」の欄
↓たとえば「スモールビジネスに詳しい起業コンサルタントとして、初心者でもできるアイデアやアドバイスをします」などと入力

⑤「ChatGPT があなたについて知っておくべきことがあれば教えてください」の欄
→たとえば自分のキャリアやプロフィール、好きなことや得意なことなどを入力
⑥「新しいチャットで有効にする」をオン
→「保存をする」を押す
→新しいチャットで会話を開始

❷ Gemini は「Gem マネージャー」で改良しよう

グーグルの Gemini にも、カスタマイズできる「Gem（ジェム）」という機能があります。この機能を使うには、月々2900円の「Gemini Advanced」の契約が必要でしたが、無料プランでも使えるようになりました。

サポートしてほしい仕事ごとにカスタマイズした Gem を作成できます。

たとえば、広告コピーの作成用、ブログ記事の執筆用、戦略のアドバイス用など、いろいろな目的で使えます。

次の画面からGemをつくることができます。

■https://gemini.google.com/gems/view

これらのカスタマイズをすることで、ＡＩは「一般的な回答をするチャットボット」から「あなた専用の起業パートナー」へと進化するのです。

いますぐChatGPTの「カスタム指示」やGeminiの「Gem」機能を活用して、あなた専用のＡＩコンサルタントをつくり上げましょう。

ＡＩを使うメリットとリスクを知っておこう

どんな技術にも、メリットとリスクが存在します。ＡＩも例外ではありません。

ここでは、起業の場面でよく話題になる「ＡＩ活用のメリット」と「気をつけたいリスク」をまとめます。あらかじめリスクを理解しておけば、必要以上に怖がることなく、上手にＡＩを使いこなせるようになります。

〈メリット１〉面倒な作業をサクサク時短できる

まず、ＡＩ最大のメリットは「作業を効率化してくれる」ことです。

市場調査のために数百件の口コミを読み込む、ブログ記事を大量に書く、画像やバナーをデザインする——これらの作業を、ＡＩが一瞬で手伝ってくれるようになりました。

起業初期はとにかくやることが多いので、作業の一部でもＡＩに任せられれば、人件費や外注費も減り、あなた自身が本当に注力すべき「アイデア磨き」や「お客様とのコミュニケーション」などに時間を使えます。

〈メリット2〉思いつかなかったアイデアが生まれる

ＡＩは大量で多様なデータを学習しているため、私たちが想定していない視点を持っていることが多いです。ですから「こういうサービスを考えているけど、他に面白い切り口はない？」などと聞いてみると、斬新なヒントをくれることがあります。

たとえば「若い女性向け」「中高年の男性向け」「海外向け」「地域密着型」といった具合にターゲットを変えてアイデアを出してもらうだけで、自分では思いつかなかったビジネス展開が見えてくるのです。

いろいろな角度から質問すれば、それだけ新しい発想が得られます。

〈メリット3〉トライ＆エラーが素早くできる

起業で成功するカギは「仮説を立て、小さく試し、すぐに改善する」こと。ＡＩを活用すれば、その「仮説づくり」から「効果測定」までをあっという間にまわせます。

たとえば、ＳＮＳ広告をＡＩに提案してもらい、実際に少額で出稿してみる。数日後にデータをチェックして、ＡＩに「どの層が反応しているのか」「どう改善すれば効果が上がるか」を分析してもらう。

こうしたサイクルを繰り返すことで、短期間で最適な戦略を見つけやすくなるのです。これまでは時間や予算がかかりすぎた実験や検証も、ＡＩのサポートによってハードルがかなり下がりました。

〈リスク1〉ＡＩの答えが正しいとは限らない

次にリスクを解説します。まず、ＡＩが出力する答えは必ずしも正解ではありません。データが偏《かたよ》っていたり、誤情報を含んでいたりする可能性は常にあります。

そのため、最終判断をＡＩに丸投げするのは危険です。ネットや本、人から聞いた話もそうですが、情報源が１００％正しいとは限りません。

ＡＩの答えも「参考意見」の一つとして捉えることが大切です。法律などに違反するような内容や誤った情報が含まれていないかを、必ず自分で確認・検証するクセをつけましょう。

〈リスク２〉情報が漏れる可能性

ＡＩサービスを利用する際には、サービスの利用規約をよく読み、取り扱う情報に注意しましょう。機密情報や個人情報を不用意に入力すると、データが外部に流出するリスクもゼロとはいえません。慎重に扱いましょう。

〈リスク３〉ＡＩに頼りすぎて「人間力」が下がる

ＡＩはあくまで、あなたを助けるパートナーです。便利だからといって、何もかもＡＩ任せにしてしまうと、自分で考える力や人とのコミュニケーション力が落ちてしまう恐れもあります。

起業の世界では、人脈や顧客との信頼関係がとても大切です。「顧客との会話」や「ビジネスパートナーとの対話」といった、人間同士のコミュニケーションは、あなたがしっかりとやるべき仕事です。ＡＩに全部を任せてはいけません。

このようにリスクをしっかり理解して、上手にコントロールしましょう。そうすれば、ＡＩはあなたの最強の味方になります。

次は「じゃあ、どうやってＡＩと人間が一緒に仕事をするのか?」という「共創」の視点を見ていきましょう。

「AIとの共創」で、あなたのビジネスはより強くなる

ＡＩが進化したからといって、人間の役割が小さくなるわけではありません。

むしろ、ＡＩの分析力と効率化能力を活かしながら、人間ならではの感性やコミュニケーション力を掛け合わせることで、ビジネスの可能性は格段に広がるのです。

これを「ＡＩとの共創」と呼んでいます。具体的に考えてみましょう。

❶ AIが出したアイデアを「あなたの感性」で仕上げよう

たとえばChatGPTに「新商品のキャッチコピーをたくさん考えて」と入力すれば、何十通りものコピー案が出てきます。

でも、その中には日本人の感性から見て違和感がある表現や、少し硬いイメージのフレーズが混じることも少なくありません。

ここで必要なのが、あなたの「感性」です。

「こういう言いまわしだと温かみが出そう」

「この単語だと刺さらないかも」

など、自分自身が実際にお客様と触れ合いながら培った感覚を活かして、微調整をすることが大切です。それによってＡＩっぽい出力を「一段上の質」に仕上げられます。

❷現場でしか得られない情報を組み合わせよう

ＡＩは過去のデータや学習モデルに基づいて回答を生成します。

一方で、ビジネスの現場では、お客様とのリアルなやり取りから得られる

「表情」

「空気感」

「微妙なニュアンス」

などが存在します。

そうした生の情報はＡＩが苦手とする部分でもあります。

たとえば店舗でお客様と話すとき、声のトーンやちょっとした仕草から「本当はこういう商品を求めているのかな？」と察する。こうしたヒントは、ＡＩが見落としがちな人間同士のコミュニケーションにあります。

リアルな接点で得た気づきを、ＡＩにフィードバックして、あなたのビジネスを微調整していく。これこそが、真の意味での「ＡＩと人間の共創」です。

❸ＡＩの得意分野を任せよう

共創のためには「ＡＩに任せる分野」と「自分がやる分野」をしっかり区別することが大切です。

たとえば、データ分析や文章の下書きづくりはＡＩが得意です。でも最終的な決定や顧客との面談はあなたにしかできません。

「一人で全部やろうとして時間に追われる」のではなく、「ＡＩができる部分はＡＩに頼る」「自分にしかできない仕事に集中する」。そうすれば、あなたの起業のスピードは格段にアップします。

特にスモールビジネスや個人事業主の場合は、人手が限られます。ＡＩという「強力なパートナー」に活躍してもらってこそ、ビジネスの成長を加速できるのです。

❹これからは「ＡＩと一緒に動く人」が成功する

「ＡＩに人間の仕事が奪われる」といった不安を耳にすることもあるでしょう。でも、起業の現場ではむしろ「ＡＩを使いこなさないとビジネスが追いつかない」と言えます。

ＡＩが何でもやってくれる反面、工夫をせずに使うと、どのアウトプットも似てしまいます。

そこで差をつけるには、単にＡＩを触るだけではなく、

「自分らしい価値をどう上乗せするか」
「共創をどう形にするか」
を考える必要があります。

だから、あなたの感性やコミュニケーションスキルをＡＩに掛け合わせるのです。そうすれば、スピードも柔軟性も備えたビジネスを一気につくり上げることができるでしょう。

このように、最新のＡＩを使って起業の準備をするメリットはとても大きく、しかも月数千円の投資でそれが実現できるというのは「これまでの常識」を大きく覆《くつがえ》すものです。

ただし、ＡＩを「万能」だとは思わずに、あくまで「頼もしいパートナー」と考えましょう。そして、最終的な判断やクリエイティブな仕上げは、あなたが責任を持ってやっていくという心構えが大切です。

第3章

□□■□□□□

「アイデアがない……」でもAIに聞けばすぐに見つかる！

ＡＩに相談すれば、ビジネスのアイデアが10秒で出てくる！

いよいよ、ＡＩを使った起業の加速の方法を具体的に解説していきます。

どんなビジネスをどう始めるのか？　を考え始めると、「アイデアが思いつかない……」と悩む方もいるのではないでしょうか？

でも、いまは「アイデアがないから起業を諦める」必要はありません。

ＡＩを活用すれば、10秒でビジネスのヒントを得ることすらできるからです。

ここから「やりたいこと」「好きなこと」「得意なこと」を、ＡＩの力を借りて掘り下げながら、あなた独自のビジネスアイデアを形にしていく方法を解説します。

❶「誰の、どんな悩みを、どう解決するか?」を考えよう

「起業で稼ぐためには、どんな商品やサービスを提供すればいいのだろう?」

多くの人が最初にぶつかるのが、この問いです。

ビジネスの本質をシンプルに言えば、

□困っている人に対して

□あなたらしく悩みを解決してあげて

□お礼としてお金をいただく

ということです。

つまり「誰の、どんな悩みを、どうやって解決するか?」を考えるのが、ビジネスのアイデアづくりの根幹《こんかん》になります。

ここを押さえておけば「アイデアが出ない」という壁を乗り越える糸口が見つかります。

❷とりあえずＡＩに聞いてみる

ビジネスアイデアに行き詰まったとき、まずはChatGPTやGeminiなどのＡＩに、次のような指示をしてみてください。

書くのが好きな方は文章のチャットで、話すのが好きな方は音声チャットで指示をします。

あなたは優秀な起業コンサルタントです。
いまの日本社会で求められている新しいビジネスアイデアを、10個提案してください。
できるだけ具体的に、「誰の」「どんな悩み」を「どのように」解決するかを書いてください。

すると、ＡＩは短時間で10個のアイデアを出してくれます。その後も、自分が考えていることを文字や音声のチャットで続けていきましょう。

たとえそのまま使える案がなかったとしても、「こんな視点があるのか」「こういう切り口があったのか」という気づきが得られるはずです。

ここで大事なのは「まずは数を出す」というマインドです。最初から「これは儲かるのかな?」と考えず、ざっくりと考えてみましょう。

思わぬ方向にヒントが転がっていることも多いのです。

❸ AIは実践的なアドバイスもくれる

AIはアイデアを提示してくれるだけでなく「どうやって実現すればいいか?」という具体的なアドバイスもしてくれます。

たとえば「在宅勤務者向けのオンライン健康サポートビジネス」を提案されたら、

- □ どんなプラットフォームを使えばいいか?
- □ 初期費用を抑える方法は?

□どの年代をターゲットにするといいか？

などと追加質問をしてみましょう。

ＡＩは関連する情報を一気にまとめてくれます。ゼロから自力で調べるより遥かに速く、ビジネスの全体像がつかめます。

❹思いついたアイデアはすぐにＡＩに聞こう

ＡＩとのやり取りの中で、ふと「あれ？　これ面白いかも」と感じる瞬間があるかもしれません。そのときは、すぐにメモを取りましょう。

「これだ！」と思えなかったとしても、あとから改めてＡＩに「このアイデアをもう少し深掘りしたい」と聞けば、より具体的な方向性が見えてくるからです。

アイデアは「一気に完成形をつくる」というより「少しずつ具体化していく」ものです。ＡＩを使うことで、そのプロセスを高速化できます。

「やりたいことがない……」は、もう言い訳にならない

起業に興味を持ってても
「特別にやりたいことがあるわけじゃないし……」

「人より優れたスキルなんてないし……」

と、最初から諦めてしまう方は少なくありません。

でも実際には「やりたいことがない」という状態のままでも、ＡＩを活用すれば、あなた自身が気づいていない興味や可能性を探り当てられます。

ビジネスは必ずしも「高度な専門スキル」が求められるものばかりではありません。ちょっとした日常の困りごとを解決するだけでも立派な起業ですし、そのためのアイデアはＡＩとの対話を通じてどんどん生まれてきます。

❶「誰の、どんな悩みがあるか」を探すのもＡＩは得意！

やりたいことが浮かばないときは「誰が、どんなことで困っているのか？」を徹底的にリサーチするところから始めてみましょう。

たとえば、ＡＩにこう聞いてみます。

最近の日本で、どのような悩みや課題が増えていますか？社会的な問題や個人のライフスタイルに関する問題など、具体的に教えてください。

すると、育児や介護、フリーランスや在宅ワーカーの悩み、地域活性化の問題など、多岐にわたる課題が返ってきます。

その中で「自分はこれを助けてあげたい」「興味がある」と感じたものがあれば、そこがビジネスの入り口になるかもしれません。

❷「誰を助けたいか?」を考えてみよう!

ビジネスコンサルタントとして多くの起業志望者をサポートしてきた立場から言えるのは、「やりたいことがない」と思い込んでいる人でも「この人の役に立ちたい」「こういう人を笑顔にしたい」という気持ちは、意外と心の奥に眠っているものです。

たとえば、

□子育てで苦労している親御さんを助けたい
□高齢者の買い物代行をしてあげたい
□猫の保護活動を応援したい

など、人によって方向性はさまざまですが、そこには「ビジネスアイデア」につながる大きなヒントが隠されています。

もし、思いつかないときはAIに「私が誰を助けたいか明確になるように、質問を1つずつして自己分析をサポートしてください」と依頼してみてください。質問に答えていくうちに「本当は、私はこういう人を助けたかった」と気づくケースも多いのです。

❸一歩を踏み出せば「やりたいこと」は後から生まれる

さらに大切なのは、最初から完璧な「やりたいこと」を見つけようとしなくても大丈夫ということです。ビジネスは「走りながら見つける」くらいの感覚でOKです。

□「特別なスキルややりたいことがなくても、AIの力を借りて小さく始めてみる」
↓「実際に行動しながら興味のある分野や楽しいと感じる部分を見つける」
↓「そこを掘り下げる」……

このサイクルで、徐々に「やりたいこと」「自分の得意分野」を発見する人も少なくありません。いまは「何もしたいことがない」と感じても、AIと一緒に情報収集などをしながら小さく行動すれば「やりたいこと」は後からついてくるのです。

好きで得意なこと×AI＝収益化できる

起業を考えるとき、「得意なこと」をビジネスにしたい人と「好きなこと」を優先したい人がいます。コンサルタントの間でも、どちらを優先させるべきかで考えが分かれています。

しかし私は「好きと得意、どちらを優先するか」という話ではなく「好き×得意」などビジネスを見つけることが成功のカギだと考えています。

好きでもないことを得意だからとやり続けるのは、モチベーションを保つのが難しいものです。一方で、好きだけど得意ではないのであれば、それもすぐにお客様を喜ばせるのは難しいです。

でも「好きで得意なこと」なら起業初期でもお客様の満足を得られやすいですし、「もっと極めたい！」と自然に思えます。そうすると、サービスの質が上がり、結果的にお客様からもますます喜ばれます。

「好き×得意」をビジネスの軸にすると、好循環が生まれるのです。

❶「自分の好き・得意」をＡＩに掘り下げてもらおう

「好きなこと」「得意なこと」と言われても、すぐには思い浮かばない人も多いでしょう。

そんなときもＡＩが活躍します。

たとえば、ChatGPTやGeminiにこんな指示をしてみましょう。

【好きを掘り下げる質問】

□「私が起業をスタートするにあたって、自分が大好きなことを明確にしたいので、次の質問を１つずつしてください」

答えが浅いと思ったら、さらに深掘りする質問をしてください。


【質問1】お金をもらわなくても、つい「自然とやってしまう」ワクワクすることは？

【質問2】これまでたくさんのお金や時間を使ってきた「大好きなこと」は？

【質問3】「誰の」「どんな悩み」を解決している自分を想像すると、ワクワク・ドキドキしますか？


【得意を掘り下げる質問】

次に、自分が得意なことを明確にしたいので、次の質問を1つずつしてください。


【質問1】人からよく「感謝されること」「ほめられること」は？

【質問2】人から「お金を払うからやってほしい」と頼まれることは？

【質問3】人より詳しいこと（知識・経験）は？

【質問4】人より簡単にできてしまうことは？

答えが浅いと思ったら、さらに深掘りする質問をしてください。

最初は何も思いつかなくても、回答例までＡＩにお願いすれば参考になるヒントをいくつも示してくれます。そのやり取りの中で、

「そういえば、自分は○○が好きだった！」

「これ、得意だ！」

といった気づきが得られるかもしれません。


また、ＡＩと対話をしている中で、途中でＡＩに自分を分析してもらうのも有効です。

たとえば、

□「これまでの内容から、私がどんなことに関心があるか分析してください」
□「ここまでのやり取りを踏まえて、私が1年以内に現実的に立ち上げられそうなビジネスと、そのステップを考えてください」

などとＡＩに依頼して、自分を分析してもらうのです。

それによって、盲点になっていた、あなたの「好き」や「得意」を明確に言葉にしてく

れるかもしれません。ぜひやってみましょう。

❷自分に染《し》み込んだ思い込みを外そう

起業のコンサルティングをしていると、

「好きなことを仕事にするなんて、よほどの才能がないと無理なのでは?」

という声をよく聞きます。得意なことより、好きなことをビジネスにすることに抵抗感を持つ人が多いです。でも、いまはAIがあるので、たとえあなたが専門家レベルに詳しくなくても、ビジネス化できる方法はいくらでもあります。

たとえば「料理が好きだけど、プロではない」という人でも、AIのサポートを受けながら「時短でできる家庭料理レシピをオンラインで配信するビジネス」などを始めることができるかもしれません。

集客はSNS×AIでサポートし、動画編集やレシピの文章づくりもAIが手伝ってくれる時代です。

好きなことをベースにすれば、少しずつ実績が上がり、ファンが増えてくるうちに、自然と「得意」な領域に成長していきます。好きなことをぜひ育てましょう。

好きなことを仕事にできると、毎日のモチベーションがまったく変わります。自分が楽しいと感じていることを提供するので、お客様とのやり取りもポジティブになりやすいし、サービスの質を高めようとする気持ちも自然に湧いてきます。

❸「好き」と「得意」をAIでかけ算しよう

「好きなこと」と「得意なこと」が完全に重なれば理想的です。そこをビジネスの中心に選ぶと成功しやすいです。

でも「好きなこと」と「得意なこと」があまり重ならなくても諦めてはいけません。AIに助けてもらって、うまくかけ算できるところを探せばいいからです。

たとえば「料理をつくるのが好きで、資料をつくるのが得意。でもどうビジネスにしたらいいかわからない」と悩んだとします。

そんなときは、自分の状況をChatGPTなどに入力して「好きと得意を活かすためのアドバイスをしてください」などと依頼すれば、考えを深めるサポートをAIはしてくれます。

また、自分の状況に続けて、「これらをかけ算して、起業初心者でもできそうな、稼げそうなビジネスのアイデアを10個出してください」などと頼めば、いくつでも素晴らしいアイデアをひねり出してくれます。

出てきた案に自分のこだわりをどんどん足していけば、独自性のある商品やサービスが閃《ひらめ》くかもしれません。このようにAIの発想力に助けてもらって、ビジネスのアイデアをどんどん広げていけばいいのです。

❹収益化のアイデアをAIと練ろう

「好き×得意」でビジネスを始めると、軌道に乗りやすいのは確かですが、早めに「お金をどう受け取るか」のアイデアも練っておくほうが安全です。

きちんと収益を生み出せなければビジネスとしては長く続かないからです。

ここも自分で考えるのは難しいですが、ＡＩに助けてもらえばたくさんのアイデアを挙げてくれます。ポイントは「いくらで、どんな方法で」お金を受け取るかをたくさん考えてみることです。

ChatGPTやGeminiに、

「○○をやるとしたら、いくらでどうお金をいただけばいい？　アイデアを10個考えて」などと聞いてみましょう。そうすれば、さまざまな収益のモデルを具体的に提案してくれます。

それぞれの特徴や価格帯、必要な集客数も試算できるので、自分の働き方や目標売上に合わせて戦略を立てましょう。

このように、ＡＩに「好き」と「得意」を掛け合わせてもらい、さらにお金の受け取り方も考えてもらうことで、あなたのビジネスは着実に成長できるのです。

AIが生み出した「意外な成功アイデア」3選

最後にAIに考えてもらった起業のアイデアを3つ紹介します。あなたのビジネスのヒントにしたり、あなたの「好きで得意なこと」をこのアイデアにかけ算して改良したりしてみましょう。

❶断捨離&訪問回収のサービス

□ビジネスの内容

月に一度、利用者様のお宅を訪問して「不用品を一定量まで回収」する定期サービス。単なる不用品回収ではなく「1か月ごとに整理するからスッキリ持続」のコンセプトを打ち出す。

□成功のポイント

・お片づけサービスで起業したい人向き。片づけ×回収で、他と差別化

・通常の断捨離は一時的にやってもリバウンドしがち。定期的な回収があれば〝余計な買い物を控える抑止力〟にもなる

・〝部屋が散らかりそうになる→月末に回収で解決〟という新習慣の提案

□起業の手順イメージ

・月額プランを設定し、回収分のサイズや数量は明確にルール化

・ビジネスに必要な資格や許可を取る

・回収した不用品の中でリユースできるものは中古ショップなどと提携してリサイクル

・SNSやブログで、「こんなふうに部屋が変わった！」というビフォーアフター事例を紹介

□リスクを抑えるポイント

・初期投資は回収用の軽トラックやバン程度。買わずにレンタルをする

・倉庫や提携先の中古リサイクル業者を確保しておけば、自社で抱える在庫を最小限にできる

❷週替わりレストラン

□ビジネスの内容

固定のオーナーがいる店舗ではなく、毎週違うシェフが交代で厨房を借りられるレストラン。各シェフは自分の得意料理だけの短期メニューを展開し、来店客には「今週はタイ料理、来週はフレンチ」など、毎回新しい体験を提供する。

□成功のポイント

・料理をつくるのが好きだけど、一人でやるリスクを抑えたいときに特に合う
・さらにリスクを抑えたいなら、まずは週末だけで開催するのも有り
・料理人や料理好きがチャレンジする機会も創出できる
・常連客にとっては、行くたびに新しいメニューが味わえる「飽きないレストラン」

□**起業の手順イメージ**
・レンタルキッチンなど設備が揃《そろ》ったお店を安く借り、週ごとに貸し出す仕組みをつくる
・料理人を募集→メニューやコンセプトを事前に打ち合わせ→ＳＮＳで告知
・開業に必要な資格を取り、届け出をする
・店舗の宣伝と同時に、シェフ個人のブランディングにもなる
□**リスクを抑えるポイント**
・オーナー側は店舗貸しの形に近く、食材ロスなどの負担はシェフ持ちに
・空き日を短期イベントにも活用し、固定費を分散

❸身体を動かして覚える「アクション英語教室」

□**ビジネスの内容**
これまでの座学ではなく、身体を動かしながら英語を覚える教室
例：英語の動詞を実際の動作と結びつけて学んだり、ロールプレイ形式でシーンを再現し

たり、とにかく身体を使って言葉を覚えるスタイル

□成功のポイント

・英語を教えるのが好きで得意な人向けのアイデア。体験で他と差別化
・運動しながら学習するため、記憶に残りやすく飽きない
・スポーツや演劇的な要素を取り入れるので、エンタメとしても楽しい

□起業の手順イメージ

・ダンススタジオや広めのフリースペースを借りて、身体を使うレッスンを展開
・講師は、語学力に自分の好きや得意を組み合わせる
・一人でやってもいいし、他の人を巻き込むのもあり
・年齢やレベル別にクラスをつくり、体験型メソッドで差別化

□リスクを抑えるポイント

・初期は少人数クラスで実施し、口コミで広げる
・特別な教材は不要。動きを考案するだけなのでコストを抑えられる。動きもＡＩと一緒に考えればＯＫ

◎「AI+あなたの感性」がカギ

この3つの例は、AIが考えた「これまでになかったけど、ビジネスになりそう」というアイデアのほんの一部です。どれも「高度な専門知識」が必要というより、「困っている人に寄り添う」「楽しさや便利さを提供する」という発想が土台になっています。

AIは大量のデータを参照しているため、私たちが思いつかない領域の知識を組み合わせて、アイデアを次々と提示してくれます。しかもかかる時間はたったの数分です。

ここで大切になるのが「このアイデア、面白そうかも！」とあなたの感性で拾い上げて、さらに自分の「好きで得意なこと」にアレンジすることです。

起業において「何をやればいいかわからない」と止まっているのはもったいないというのが実感できたのではないでしょうか。

まずはAIにどんどん考えさせましょう。そして面白そうなアイデアを見つけたら、小さく試してみましょう。うまくいかなければすぐに修正できますし、AIはいつでも次のヒントをくれます。

第4章

売れる商品・サービスも AIが教えてくれる

市場の調査は最新ＡＩに丸投げ！「売れるか？」を事前にチェック

ここからは、あなたが考えたビジネスアイデアを「売れる商品・サービス」にブラッシュアップするための方法を解説していきます。ビジネスアイデアが浮かんでも、

「買ってくれるお客さんはいるのだろうか？」

「このビジネスは儲かるのかな」

と不安になる人は多いでしょう。ここで重要なのが「市場の調査」です。

以前は、市場調査の専門家を雇ったり、リサーチ会社に依頼したり、大量のデータを自分で読んだりと、莫大なコストと時間がかかりました。

でもいまは、ＡＩを活用すれば、これを一気に効率化できます。

❶市場で求められていることをAIで拾い上げよう

たとえば、ChatGPTやGeminiの検索機能を使って、

「○○という分野の市場規模はどれくらいで、今後の成長性はどう予測されている？」

などと聞いてみましょう。

すると、AIはインターネットに公開された情報から推定されるデータをもとに、大まかな数値やトレンドを示してくれます。

❷「Deep Research」がプロのように調査してくれる

さらに2025年から各社が「Deep Research」などという名称のサービスを充実させています。賢いAIが時間をかけて考えながら、さまざまなことを深くリサーチ（調査）してくれるのです。

もちろんChatGPTにもGeminiにもこの機能があります。進化が特に速い分野なので、「Deep Research」について検索して、各社の最新の情報を得てみましょう。

私も愛用していますが、市場調査に「革命」と言ってもいいような激変が起きています。AIがいよいよ「検索（特定の情報を探す）」の枠を超えて、深い「リサーチ」までしてくれる時代が来たのです。

❸「売れるか？」を見極めるための3つの視点

市場調査では、次の3つの視点を押さえると失敗しにくくなります。

①ニーズ（需要）の大きさ

・そもそも、その商品やサービスにニーズ（需要）はあるのか？
・AIに「○○に興味を持っている人の数は？」などと質問し、関連する消費者層のデータをリサーチさせる

②成長性

・市場の規模がこれからも大きくなるのか、小さくなるのか？
・「数年前と比べて○○の検索数は増えている？」などとＡＩに尋ねることで、トレンドをざっくりつかむ

③競合（ライバル）の強さ

・競合が多い市場なのか、まだ競合が少ない市場なのか？
・ＡＩに「この業界の主なプレイヤーを調べて」などと指示して、競合の数や強みをつかむ

右の3つを同時に考えることで、

「需要はあるけれど競合が強すぎる」

「そもそも需要が小さい」

などといった落とし穴を早く見つけ、避けることができるのです。

❹エリアやニッチな切り口もチェック

市場の調査をするときは、AIに「日本全体」だけでなく「エリア」や「ニッチな切り口」での調査を依頼するのもポイントです。

たとえば、

□東京の××区内で高齢化が進む地域では、〇〇サービスに需要がある？

□若者向けの〇〇市場の今後のトレンドと成長性は？

など、より細かい条件を指定するだけで、AIは該当するデータをまとめてくれます。細分化された市場やニッチ（すき間）な市場に参入すれば、大手の企業が手を出しづらいところを見つけられるかもしれません。

❺AIを信じすぎず「実際の声」も聞こう

ＡＩから得られる情報はとても便利ですが、過信は禁物です。統計データやインターネット上の記事などを元に推測しているので、誤った情報が混じることもあります。

そこでお勧めなのが、対象となりそうな人に実際にアンケートやヒアリングを行うことです。

たとえばＳＮＳで「こんなサービスがあったらほしいですか？」と投票にかけたり、知り合い数名に意見を聞いたりするだけでも、リアルな感覚がつかめます。

□ＡＩで仮説を立てる
↓少人数でテストしてみる
↓結果をＡＩにフィードバックして、さらに分析

などをすることで、需要があるかを確かめる精度が高まります。

「どんな人が買ってくれる？」↓ＡＩがターゲットを特定！

次に大切なのが「どんな人が買ってくれるのか？」を明確にすることです。ビジネスの専門用語では「ターゲット」といいます。「この人たちにこそ買ってほしい！」と狙う、ある特定のお客さんのグループのことです。

ターゲットが曖昧だと、誰にも刺さらない商品になりがちです。

ここでもＡＩが威力を発揮します。

「ターゲットを決めること」はこれまで、マーケティングの専門家に相談したり、大量のデータを精査したりと、大変な手間がかかるものでした。でも、ＡＩに適切な指示をすれば、初心者でもターゲットの絞り込みがスムーズに進みます。

❶「誰のどんな悩みを解決するのか？」を改めて確認しよう

81頁でもお話ししたように、ビジネスは「誰のどんな悩みを解決するか」を押さえるのが基本です。ターゲットを考えるときは、まずはこの視点に立ち返りましょう。

たとえば「50代の女性の、ダイエットをしてもすぐリバウンドをしてしまうという悩みをサポートしたい」などと決めるだけで、あなたの商品の設計や宣伝の方法が具体的になります。でも「ダイエットしたいすべての人をサポートしたい」などとターゲットが漠然としてしまう人が多いのです。そうすると結局、誰にも響かない……ということになりかねないのです。

❷AIが「具体的なターゲット」を提案してくれる

ChatGPTやGeminiに対して、

「○○というサービスを考えています。想定される顧客ターゲット（年齢・性別・ライフスタイル・悩みなど）を、インターネットで詳しく調べた上で、できるだけ具体的に提案してください」

などと指示すると、かなり詳細なターゲット像が返ってきます。

さらに「そのターゲットは普段、どのSNSやメディアを見ている？　どんなことに興味を持っている？　インターネットで調べてください」などと指示すると、具体的な利用の傾向や興味のあるテーマなど教えてくれるでしょう。

こうした情報がわかれば、SNSの発信のメッセージやトーンを決めていけるのです。

❸ペルソナをつくってみよう

ターゲット像を深掘りする方法として、有名なのが「ペルソナ」を設定することです。

ペルソナとは、商品やサービスを利用する「理想的な」お客様の像を「具体的に」描いた架空《かくう》の人のことです。

たとえばターゲット設定である「40歳の女性、横浜市に在住、フルタイムで働いていて、家事や育児の時間がとれず、健康的な食生活ができずに悩んでいる」などという内容を、より細かくつくり上げることができます。

一例を挙げると、ＡＩに「このような人物のペルソナを詳しくつくってください」と指示するだけでも、詳細な説明を考えてくれます。

ほかにも、

□どんな一日を過ごしている？　朝から夜までの流れを詳しく描写してください
□このペルソナが、仕事とプライベートで抱えている悩みを3つずつ挙げてください
□このペルソナが、○○（自分の商品・サービス）を買うとしたときの、知ったきっかけ、購入までの経緯、購入後の感想を、ストーリー形式で書いてください

などと指示をすると、具体的な案が次々と出てきます。

このようなやりとりをＡＩとするだけで、自分のビジネスのメイン顧客になる人が、とてもリアルにイメージできるようになるのです。

❹「自分も嬉しい！」という気持ちが大事

ターゲットやペルソナを考えるときに大切なのが「自分は、こういうお客さんを心からサポートしたいか？」というあなたの気持ちの面です。

いくら儲かりそうでも、自分が興味のない人をターゲットやペルソナにすると気持ちが長続きしません。逆にあなたが「心から応援したい！」と感じる人であれば、モチベーションが高まり、より質の高い商品やサービスを提供しようと思えます。

ＡＩに提案されたターゲット層を見たとき、もし「なんだか自分と価値観が違うな」「ワクワクしないな」などの違和感があれば、それを選んではいけません。ここはあなたが決めるところです。

ビジネスは長期的に続けるものです。「自分が長く伴走したい相手」を対象に選びましょう。

ＡＩで競合を分析！ライバルと「戦わない」戦略をつくる

「どんな商品を、誰に売るか」が見えてきたら、次は「競合の分析」を行いましょう。

どんなに画期的なアイデアを持っていても、すでに強力なライバルが存在していたら、そのまま参入しても負けてしまうかもしれません。

これまでの競合の分析は、

「どの企業がライバルか」

「何を強みにしているか」

といったことを、一つひとつ地道に調べる必要がありました。時間も手間もかかります。

ところがＡＩを使えば、その作業を大幅に短縮できるのです。ここでも深い調査ができる「Deep Research」機能が大活躍します。

❶ＡＩでライバルのリストアップから始める

たとえば、ＡＩのDeep Researchで、

「私が提供する○○サービスの主要な競合企業やサービスを列挙して、それぞれの特徴を詳しくまとめてください」

などと頼んでみましょう。そうするとものの数分で、既存のプレイヤー名やサービス内容を並べてくれます。そこから「それぞれの強み・弱み」「顧客からの評価ポイント」などを掘り下げて聞いていければ、市場全体の構造が見えてきます。

さらに「競合の集客方法」や「価格帯の傾向」まで調べさせると、自分のビジネスが差別化できるポイントを見つけやすくなります。

❷ライバルと戦わない「差別化ポイント」を洗い出す

競合の分析の目的を多くの人が誤解しています。特に起業の初心者にとっては戦うことは、ほとんどの場合「負け」を意味します。

だから競合の分析で大切なのは、

□どこに参入すれば、ライバルがいない（弱い）か？

□ライバルと戦わない方法はないか？

を明確にすることです。

そのために、他と比較しながら、自分のサービスについて考え

□他のサービスにはない、自分が提供できる価値は何か？

□他と決定的に違う、自分の売り（魅力）はどこか？

を見つけ出し、整理するのです。

ビジネスの専門用語では「USP（ユニーク・セリング・プロポジション）」といいます。自分の独自の強みや特徴のことであり、他と差別化するためのポイントのことです。

ここを見つけ出すことが、起業成功の一番のカギと言っても過言ではないほど、大切なところです。でもUSPを見つけるのは、これまでは本当に難しい作業でした。

もちろんここも、ＡＩの登場で大きく変わりつつあります。

たとえば、次のような視点が差別化のヒントになります。自分で考えるのは大変ですが、これもＡＩと一緒に練ればいいのです。

□**価格の面**：ライバルより安く、または高級な路線で価値を高める
□**サービスの内容**：ライバルがやっていない機能をプラスする
□**ターゲットを絞る**：よりニッチな層、特定地域などに特化する
□**ブランディング**：世界観やストーリーで差をつける

さらに自分の好きや得意なことを掛け合わせれば、より魅力的な「差別化ポイント」が浮かんできます。それもＡＩと一緒に考えましょう。

❸ＡＩで口コミや評判も一瞬でチェック

競合の評判や口コミも、ＡＩが素早くまとめてくれます。

たとえば「○○の口コミについて、よい評価と悪い評価を両方、インターネットで調べて」などと指示します。

するとAIが、SNSやいろいろなレビューサイトの情報をさっと調べ上げて、「よい評価」と「悪い評価」を整理してくれます。これも「Deep Research」が特に役立ちます。口コミや評判をチェックするのは大変な作業でしたが、AIなら一瞬で整理してくれます。忙しい起業家にとっては大助かりの機能です。

悪い口コミには、お客様が感じている不満や課題が詰まっています。そこを見つけて「自分が解決できないか？」を考えるのです。

そうすれば「こんなのがほしかった！」と喜んでもらえる可能性が高まるのです。

たとえば大手がライバルの場合は、顧客一人ひとりに対して丁寧な個別サポートをするのが難しいことが多いです。コストパフォーマンスが合わないのです。でも、自分が小さくやるのであれば、一人ひとりに対応しても十分な利益が出ることがあります。

このようなことも自分だけで考えるのは大変ですが、AIと一緒に考えれば無限のアイデアを出してくれます。

「この悩みを自分がどう解決できそう?」などと相談して、賢いAIをどんどん頼りましょう。

❹競合の分析に行き詰まったら

もしAIをフル活用しても「差別化のポイントがどうしても見つからない」と行き詰まってしまったら、それはもしかしたら方向転換のサインかもしれません。強い大手が市場を圧倒的に独占しているときなどは、スモールビジネスが入り込む余地がないこともあります。

そんなときはAIに「関連するもっとニッチな市場や近い分野を教えて」などと聞いてみましょう。意外な分野に活路があるかもしれません。

競合の分析は、戦わずに勝つ場所を探す大切な作業です。AIをフル活用して、しっかりと時間を取って戦略を練りましょう。それがリスクを下げ、成功率を圧倒的に高める秘訣です。

実例：AIで売れる商品を発掘した起業家たち

最後に、実際にAIを活用して「売れる商品」をつくり上げた起業家の事例を、4つ紹介します。これらを読むと「こういうふうにAIを活用すればいいのか」とイメージが湧きやすくなるでしょう。

（事例1）水引アクセサリーのターゲットと発信方法を最適化

背景：多田陽子さんは、伝統工芸の水引を活かしたハンドメイドアクセサリーを制作・販売していたが、売上の伸び悩みに直面していた。

AIの活用：ChatGPTを活用して「ビジネスモデルのアイデア出し」「見込み客の悩み・課題の分析」「新商品アイデア」「インスタグラムでの発信方法」などを相談。その結果、ビジネスの方向性と発信の仕方が明確に。
結果：倍率の高いマルシェへの応募に向けて、想いのこもった文章を書けるようになり、初出店が決定。一日の最高売上も記録。ネット注文も増加し売上がアップ。

（事例2）タロット占いの講座で週末起業

背景：寺脇令子さんは、会社員をしながら、大好きなタロット占いをビジネスにしたかったが、集客がうまくできなかった。
ＡＩの活用：「起業初心者でもできるタロット占いのビジネス」を相談。ターゲットを「タロット占いを初めて学ぶ人」に絞って、小アルカナだけの講座を中心にする戦略を提案してもらった。
結果：ターゲットと打ち出し方が明確になり、告知文もChatGPTに書いてもらって講座の集客に成功。集客で悩んでいた時間を講座の準備やお客様とのコミュニケーションに充てられ、初期費用ゼロに近い形で週末起業として安定した副収入を得られるように。

（事例3）Kindle出版&講座で、副業の収入を確立

背景：さくやさんは、イラストレーターとして活動しながらも「ただ絵を描くだけでは収入を伸ばせないのでは」と悩んでいた。

AIの活用：「絵本やアートを活かした副業アイデア」や「ペルソナ設定」を相談。さらにChatGPTを自分専用にカスタマイズし、自己分析や講座プログラムの作成、パワーポイントづくりもサポートしてもらった。

結果：自分の世界観を強く表現したKindle作品を出版。その実績をもとに、女性起業家向けのアート講座など、いくつもの講座を開催。副業で安定した売上が得られるように。

（事例4）女子ラクロスの社会人チームのコアメッセージを変更

背景：橋本南美さんは、社会人の女子ラクロスチームNeOを立ち上げたが、資金繰りに悩んでいた。

AIの活用：ChatGPTで自分たちの強みや弱み、他のスポーツを調べ「大人になっても夢を追い続ける勇気」をメッセージとして打ち出す、推し活路線のアイデアを得た。

結果：口コミが広がり、多くの応援を集めることに成功。出版による認知度アップにも挑戦し、このメッセージをタイトルにしてChatGPTで企画書を作成。出版コンテストの最優秀賞に選出され、出版が決まった。

これらの実例から学ぶポイントをまとめます。

□「好き×得意」を明確にすれば、初心者でも魅力的な商品がつくれる
□ターゲットやペルソナを明確にすれば、見込み客への「届き方」が劇的に変わる
□市場や競合をＡＩに調べさせることで、自分の行くべき方向性が見える
□売り方・価格設定・収益化の方法もＡＩが具体的に提案してくれる
□失敗を恐れず「行動→検証→修正」をＡＩと繰り返せば、起業は加速する

起業は「アイデアがない」「売れるか不安」という理由でスタートをためらう人も多いですが、ＡＩはあなたの心強いパートナーになってくれます。小さくていいので、一歩ずつ挑戦をしていきましょう。

第5章

「お金の不安」も
AIで解決できる！

AIでつくる「お金がまわるビジネスモデル」

ここまで「起業のアイデアづくり」「売れる商品やサービスの開発」「ターゲット設定」などを見てきましたが、多くの人が最後まで不安に思うのが「お金」の問題です。

「起業したいけど、初期費用が心配」

「ビジネスを大きくするときにお金が足りなくなるかも」

そう感じるのは当然のことです。

でもＡＩを活用することで「お金の悩み」もスムーズに解決できるようになってきています。ＡＩは収益モデルの設計から資金の計画、さらには資金調達の手段や日々の管理に至るまで、大いに力を発揮してくれます。

❶そもそも「ビジネスモデル」とは？

ビジネスを始めるにあたって、まず考えなければいけないのは「どうやって利益を生み、継続的にお金をまわしていくか」です。

ここをしっかり設計しておかないと、売上が入ってきても「経費ばかりかさんで、結局赤字……」という事態に陥《おちい》りかねません。

この「お客さんにどうやって価値を届けて、どのように収益を得るか」を表した設計図が「ビジネスモデル」です。

たとえば次のような要素を含めて、あなたが「いつ・誰に・何を・どうやって売り、対価を得るか」を明確にしていきます。

□**顧客ターゲット**（誰に売るか）

□**提供する価値**（何を売るか）

□**チャネル**（どの経路で売るか）
□**収益のモデル**（どうやってお金をもらうか）
□**コストの構造**（何にお金がかかるか）

このビジネスモデルが曖昧だと、仮に売上が発生しても、「思った以上に広告費がかかる」「在庫のリスクが大きい」「顧客の単価が低すぎる」などの問題で、続けられなくなる可能性が高まります。

❷AIにビジネスモデルを考えてもらおう

「自分でビジネスモデルを組み立てるのが難しい」と感じる方も多いでしょう。ぜひAIに頼ってみましょう。

たとえばChatGPTやGeminiに、こんな指示を出します。

私のビジネスアイデアは「〇〇」です。
このアイデアを、継続的に利益が出るビジネスモデルにするには、どんな仕組みが考えられますか？　具体的に提案してください。

すると、賢いＡＩはいろいろな利益の出し方を提案してくれるでしょう。
たとえば、料理やコーチングで稼ぎたいとしても、

- □**オンライン講座や、デジタル商材の販売**
- □**個別相談のサービス**
- □**コミュニティをつくる**（会費の収入）
- □**広告や代理販売**（アフィリエイト）
- □**運用代行のサービス**
- □**イベントやセミナーの開催**

など、いろんな選択肢があるのです。

自分が想定していなかった「こんなやり方もあるのか」という方法が見つかるかもしれません。ＡＩにどんどん聞いていきましょう。

それぞれの集金の方法まで、ＡＩは考えてくれます。

❸コストとリスクを洗い出そう

ビジネスモデルを考えるとき、同時に押さえておきたいのが「かかるコスト」と「潜在的なリスク」です。

たとえば、商品をつくって在庫を抱えるとしたら、在庫処分のリスクがあるし、大きな倉庫を借りれば固定費も発生してしまいます。

これについても、ＡＩに「このビジネスのコストやリスクを洗い出して」などと指示してみましょう。それだけで、いろいろと細かくリストアップしてくれます。

そうすれば、漠然とした不安が「何にお金がかかるのか」という具体的な視点に変わり、

「どうすればいいのか？」の対策を立てやすくなるのです。

❹「スモールスタート」の方法を練ろう

ＡＩが提案するビジネスモデルの中には、「まずは小さく始める」ステップを組み込むものも多いです。

いきなり大きな費用をかけず、最初はオンラインや少額の予算でテストしながら、少しずつ大きくする。これがお勧めの方法です。

ＡＩは失敗を減らす「スモールスタート」に適したツールや方法も教えてくれます。

たとえば、

「無料のネットショップ作成のサービスを使う」

「ＳＮＳで商品の反応をチェックしながら改善する」

「クラウドファンディングで、事前にニーズがあるかを確かめる」

「ＡＩがつくった少額のネット広告で反応を見る」

など、あなたの状況に合わせたたくさんの方法を提案してくれます。
これらを活用すれば、リスクを最小限に抑え、着実に成功に近づけます。

❺ビジネスモデルは「設計図＋柔軟な変更」で完成形に

ビジネスモデルは初めから完璧に仕上げる必要はありません。むしろ「仮説を立てて動かしてみる→結果を見て修正する」というサイクルで徐々にブラッシュアップするのが王道です。

ＡＩがあると、このサイクルを格段に速くまわせます。
「想定どおりに収益が出ていない」なら、ＡＩに「なぜうまくいっていないか」を分析してもらい、改善案をもらいましょう。

起業初期であっても、まるで複数のコンサルタントを雇っているかのような効率のよさが手に入ります。

初期費用ゼロで起業する方法

起業にはまとまったお金が必要。そう思い込んで、最初の一歩を踏み出せない方は多いでしょう。特に店舗を借りる場合や、仕入れが必要な製造業だと、数百万円単位の資金がいるのが昔の常識でした。

でもいまは、AIとネットを活用することで、初期費用ゼロに近い形で起業を始めることもできます。ここでは、その具体的な方法を見ていきましょう。

❶無店舗・オンラインビジネスでリスクを下げる

何と言っても「店舗を持たない」という選択肢が、初期費用を大幅に減らす最大のポイントです。

カフェや雑貨屋、サロンなど、昔はリアル店舗が当たり前でしたが、いまはネットショップやオンラインサービスが当たり前の時代です。コロナ禍に、その流れが加速しました。

「でも、お客さんは来るの？」と不安に思うかもしれません。SNSや自社サイトを使った集客の方法は、すでに多くの事例で実績を上げています。

さらにAIが集客の文章や投稿の内容を書いてくれるので、一人起業でも短期間で認知度を高めやすくなりました。

❷ AIで在庫を持たない仕組みをつくろう

製造業や物販を始めたい場合でも、在庫リスクを限りなく小さくできる時代です。

たとえば「受注生産型」の仕組みを取り入れれば、商品が売れてからつくればいいので、倉庫や在庫コストがほぼいらなくなります。

❸フリーミアムモデルを検討しよう

フリーミアムモデルとは「基本的なサービスを無料で提供して、追加の便利な機能や特典を有料で提供する」というビジネスのやり方です。

多くのアプリやオンラインサービスで使われています。たとえば、ほとんどのSNSがこれを採用しているので、基本的に無料で使えるわけです。ChatGPTやGeminiなどの多くのAIサービスもそうです。

他が有料でやっているサービスを無料でやれないか? と考えてみることで、新しいサービスが生まれることもあります。ぜひAIと一緒に考えてみましょう。

❹「少し稼ぐ」から「大きく育てる」へ

初期費用ゼロで始められるビジネスは、月に何十万円、何百万円もいきなり稼ぐのは難しいかもしれません。でも、最初に「少し稼ぐ」感覚をつかむことはとても大切です。

小さく始めて、徐々に売上が安定してきたら、もう少しお金をかけて拡大すればいいのです。そうすれば、最初に大きなリスクを背負わなくて済むうえ、実際にお客さんの反応を見ながら戦略を変えられるので、失敗も少なくなります。

ＡＩを活用すれば、無料もしくは低コストのサービスを組み合わせて、試行錯誤するのもラクになります。

いまは「時間をかけずに低コストで試せる」時代です。大きな投資をしなくても、十分にチャンスをつかむことができます。

AIを使えば、お金の計画もシミュレーションできる!

起業をするとき、お金にまつわる不安要素がいくつかあります。たとえば、

□最初にいくら必要なのか?
□どれくらい売上があれば、経費をまかなって利益が出るのか?
□何か月で黒字になりそうか?

こうした「資金繰り」や「キャッシュフロー」の計算は、慣れていない人にとってハードルが高い作業でした。でもいまは、AIを活用すれば、数字のシミュレーションもずいぶん簡単にできるようになっています。

❶ＡＩに「事業計画書」のたたき台をつくってもらおう

銀行や投資家から資金を借りるときには、事業計画書が必要です。

- □**売上の見込み**
- □**経費の内訳**
- □**損益分岐点**

などをわかりやすくまとめなければならないため、初心者にはとても難しく感じるかもしれません。

でも、たとえばＡＩに「小規模のオンラインサロンを始めるときの、ざっくりとした事業計画書フォーマットを教えて」などと頼むと、必要項目を一覧にしてくれます。

さらに「仮に月会費を３０００円、目標会員数は半年後に１００名として計算して見通しを立ててください」などと追加で指示すれば、予測の売上や必要経費を盛り込みながら、ある程度の試算を一瞬でつくってくれます。

❷キャッシュフロー表もすぐできる

キャッシュフロー表は「収入と支出のタイミング」をつかむための大切な資料です。「ある月は売上があるけど、翌月は支払いが先行して赤字になる」などの問題を、発見するのに役立ちます。

AIに「この計画で、月ごとのキャッシュフローをシミュレーションして」などと指示するだけです。

そうすればエクセルのような形式で、月ごとの収入・支出・残高を見やすくまとめてくれます。もちろん完璧な数字ではありませんが、大まかなイメージをつかむには十分です。

これを元に「このままだと3か月目で資金がショートするから、最初は支出を抑えよう」「ある程度売上が上がってからスタッフを雇おう」などという判断ができます。

❸「複数のシナリオ」を一瞬で比較

起業の計画を立てるときは、一つのシナリオだけではなく、いくつかのパターンを考えておくと安心です。

たとえば、

□楽観的なケース

□普通のケース

□悲観的なケース

の3パターンをシミュレーションしてみましょう。

AIを使えば、その3つのパターンも一瞬で計算してくれます。

「悲観的なケースでも半年は資金が持つのか？」

「楽観的に進んだら、いつ投資を拡大するか？」

など、数字に基づいたシミュレーションが簡単にできるのは、これまでの起業にはなかった大きなメリットです。

❹アウトプットを鵜呑みにせず、定期的に見直そう

ただし、ＡＩが出す数字を鵜呑みにしすぎるのはリスクがあります。現実のビジネスでは、予期せぬトラブルや外部環境の変化が常に起こり得るからです。

そこで大切なのは「実際の数字を毎月チェックし、シミュレーションをアップデートすること」です。売上が予想以上に伸びたなら投資を加速させる。逆に、思ったほど売上が伸びていないなら経費をセーブする。

こうした柔軟な修正が、ＡＩによるシミュレーションでより精度を増すはずです。

クラウドファンディング&補助金の活用術

どうしても起業に必要な資金が足りない。そんなときに活用したいのが「クラウドファンディング」やいろいろな「補助金・助成金」です。

昔は銀行の融資が難しいと、個人で大きな資金を集めるのは至難の業でした。でもいまはインターネットを活用した資金調達が当たり前の選択肢になっています。

ＡＩを使えば、これらの情報収集や申請準備も圧倒的にラクになります。

❶クラウドファンディングで支援者を集めよう

クラウドファンディングは、ネット上で多くの人から少額ずつ資金を募る仕組みです。

特に、社会的な課題を解決するビジネスやユニークな商品、地域活性化プロジェクトなどは共感を集めやすく、多くの人が支援してくれる可能性があります。支援者とのコミュニケーションを通じて、商品開発のアイデアをもらうこともできるので一石二鳥です。

起業初期の方にお勧めのプラットフォームを2つ紹介します。

①キャンプファイヤー

国内最大級のプラットフォームです。誰でも少額からでも気軽に挑戦しやすいのが特徴で、飲食店や個人のアイデア、地域活性化プロジェクトなど、多様なジャンルが集まっています。

審査のハードルが比較的低く、最初に試してみるにはうってつけです。

支援者へのリターンも自由度が高く、仲間づくりやテストマーケティングを兼ねて大いに活用できます。

②レディーフォー

日本初のプラットフォームといわれ、多くの実績があります。特に、社会課題や地域おこし、医療・福祉など「誰かを助けたい」という想いのあるプロジェクトが特に支持を集めやすいのが特徴です。

寄付型にも対応しているので、売上を見込んだビジネスだけでなく、社会的な意義を重視したい方にも幅広く活用できます。

❷「魅力的なキャッチコピー」を作成してもらおう

クラウドファンディングで成功するためには、「支援したい」と思わせる魅力的なストーリーやビジョンを伝えることが欠かせません。

でも、文章を考えるのが苦手な人にとっては大きなハードルになってきました。

もちろんここでも、ＡＩが力を発揮します。書き方は、172頁で解説するランディングページとほぼ同じです。ＡＩにどんどん相談していきましょう。

❸リターンの設計もAIに相談しよう

クラウドファンディングでは「支援してくれた人に、何をお返しするか？」というリターン設計も大切です。金額のコース別にリターンを工夫することで、多くの支援者を集めやすくなります。

ここでもAIは大活躍します。たとえばAIに、

「3000円、5000円、1万円、3万円の各支援に対するリターン案を複数提案してください」

などと依頼すれば、面白いアイデアを提示してくれるかもしれません。

あるいは、あなたと似たビジネスの成功事例を調べてもらうのも効果的です。それを参考にすることで効率よく企画を組み立てられます。

❹補助金や助成金の情報をAIが集めてくれる

次に「補助金・助成金」について解説します。

国や自治体、各種団体が行っている補助金や助成金の制度は、起業に使えるものが実はたくさんあります。でも情報がいろいろなところに分散していて、どれが自分に合うか探すのはひと苦労です。

そこでＡＩを使いましょう。たとえばＡＩに、

「○年現在の、個人事業主の起業支援に活用できる補助金や助成金を調べて一覧にして」などと聞けば、大枠の情報を拾ってくれます。１０５頁で紹介したDeep Researchが大活躍します。さらに「書類作成の注意点」などもガイドしてもらえば、初心者でも書類づくりがスムーズになります。

❺申請書類の作成のサポートも

補助金・助成金を申請するときに、とても苦労するのが書類づくりです。事業の計画や収支の見込みなどをきちんとまとめなければならず、要件やフォーマットも複雑ということが多いのです。

ここでもＡＩが強力な味方になります。特に有料版のGeminiはグーグルドキュメントとの連携を利用して、申請書や計画書のひな形を取り込み、その空欄部分を埋めるアドバイスをしてくれます。ChatGPTでもファイルを取り込んでアドバイスをしてもらえます。

もちろん、最終的な確認や提出はあなたが行う必要があります。でも下準備の時間がとても短くできるはずです。

❻マッチする制度がなければスモールスタートで

すべてのビジネスが補助金や助成金の対象になるわけではありません。また、審査に落ちる可能性ももちろんあります。

でも、そのときも慌てないようにしましょう。「スモールスタート」でリスクを抑えながら始めるという選択肢があるからです。

ＡＩを使ってコストを最小化すれば、無理に大きな借金をしなくても十分にビジネスを軌道に乗せられる時代です。

クラウドファンディングや補助金はあくまで手段の一つです。合わないと思ったら、別の方法を試す柔軟性が大切です。

お金の管理もＡＩにおまかせ！

最後に、起業後の日々のお金の計画や管理におけるＡＩの活用を解説します。

特に一人で事業を営む個人事業主や、副業でビジネスをする方は、限られた時間でお金の管理までこなすのは大変です。

最近は個人向けのお金の管理アプリにもＡＩが組み込まれ始めています。家計簿の感覚で事業のお金も賢くコントロールできるようになってきました。

❶自動の記帳とリアルタイム分析をしてもらおう

銀行の口座やクレジットカードをＡＩと連携すると、取引を自動で分類・記帳してくれます。つい経費の入力を忘れてしまうといったミスを減らすことができます。

収入と支出の動きもリアルタイムで追跡できるので、

「いまの口座残高はどれくらい？」

「この出費はちょっと多すぎない？」

といったような疑問もＡＩがすぐに答えてくれます。

ＡＩに「起業初期にお勧めの、ＡＩでお金の管理ができるサービスやアプリの最新情報を調べて」などと指示して、最新情報をゲットしましょう。

❷お金の流れを予測して事前に知らせてもらおう

ＡＩはあなたの過去の入金と出金のパターンを学習して、

「いまのペースだと来月は支出が多めで残高不足になりそうです」

「○月には年払いのサブスク費用があるので注意しましょう」

などといった未来のお金の動きも先まわりして教えてくれます。

実際に「ここで大きな支払いがあるから、今月は少し予備資金を確保しておきましょう」などとアドバイスしてくれるＡＩアシスタントも出てきています。

こうした予測を活用すれば、資金がショートして困る前に手を打てるので「気づいたら口座がスカスカ」ということも避けられます。

❸あなた専用の財務アドバイスも受けられる

人によって、仕事や生活スタイルもそれぞれ違います。ＡＩなら、あなたの収入額や支出の特徴、貯蓄の目標などを踏まえて、オーダーメイドのアドバイスもしてくれます。

❹「人間の目」も大切

経理や会計の数字はビジネスの根幹です。だから最終的には、税理士などの専門家や自分自身の目でしっかりチェックすることが必要です。ＡＩによる自動化と人間のチェックをうまく組み合わせるのが理想です。お金の管理の8割をＡＩに任せて、残り2割をあなたや専門家がチェックする。そんなイメージを持つとよいでしょう。

❺お金の管理がラクになると「本業」に集中できる

お金の管理にかかる時間を減らせれば、あなたは「新しい商品の開発」「顧客とのコミュニケーション」など、大切な仕事に集中できるようになります。

これまで多くの起業家は「経理に振りまわされて夜中まで作業……」というような状態でした。でもＡＩ時代は「経理や会計こそ、ＡＩに任せるべき仕事」になっています。

「お金の管理が苦手……」と感じる方こそ、ＡＩに任せてみましょう。これまで漠然としていた数字の世界が、ＡＩのおかげで具体的なアクションプランに変わっていきます。「これならできそう」という気持ちが湧いてきて、自然と取り組みやすくなるのです。

ＡＩと二人三脚で、安心で健全なビジネスをじっくりと育てていきましょう。

第6章

SNS×AIでラクラク集客&売上アップ!

ＳＮＳの発信内容をＡＩが考えてくれる！

ＳＮＳを使った集客が当たり前になった今の時代、起業家や個人事業主にとってＳＮＳは強力な発信のツールです。でも、

「何を投稿すればいいかわからない」

「継続的に発信するのが大変」

「フォロワーが増えない」

といった悩みを抱える人もいるでしょう。

もちろん、ＳＮＳの運用もＡＩの力を使えば驚くほどラクになります。投稿内容のネタ出しから文章づくり、さらに効果の分析まで、大変だった作業を素早くできるからです。

SNSの最大のメリットは、コストをほぼかけずに多くの人に自分を知ってもらえることです。

一方で、デメリットは継続的な発信が大変なことです。多くの人が「今日は何を投稿しよう……」と悩み、途中で挫折してしまいます。

でもAIに助けてもらえば、もう発信のネタで悩むことはありません。具体的に解説していきます。

❶発信の方向性をAIと考えよう

「どんなテーマや方向性で投稿するか」が曖昧だと、ブレた発信になりがちです。そこでまずAIと発信の方向性を定めましょう。

「私の事業は○○です。ターゲットは△△な人たちです。この人たちに向けて、インスタグラムでどんな投稿のシリーズをするといいか、考えてください」

などと指示しましょう。64頁で紹介したカスタマイズもしておくとよいでしょう。

するとＡＩが、

□初心者向けの基礎知識
□成功事例の紹介
□よくある失敗談と対策
□Ｑ＆Ａ形式の回答
□新商品の活用法
□読み物コンテンツ

など、複数の方向性を提案してくれます。それらを組み合わせれば、発信の方向性が定まりやすくなります。

❷ＳＮＳをどう使い分けるかも相談しよう

見込み客のターゲットやペルソナによって、よく使っているSNSは異なります。自分が使っているSNSに何も考えずに投稿すると、まったく合わないこともあります。

「私のお客様は△△な人です。この人たちがどのSNSを多く使っているか、インターネットで調べてください。また、それぞれのSNSで、どんな発信が響きそうかも調べてください」

というふうに聞いてみましょう。「Deep Research」が特に役立ちます。

一般的には次の傾向があるので、SNS選びの参考にしてください。

□**ライン**：日本で一番活用されている。

交流というよりは、公式アカウントからの一方的な情報の提供に向いている。

□**ユーチューブ**：ラインに次いで多く活用されている。

商品・サービスの紹介動画、販売ページでの動画による訴求などに使われている。

□**インスタグラム**：女性が多く活用。20代が一番多いが、50代の女性も過半数が使用。

ファッション・美容・旅行・お店探しなどビジュアル重視の情報収集に使われている。

□**フェイスブック**：30代～50代が多く活用。実名制の信頼で、仕事でのつながりやコミュニティづくりに活用されることが多い。

□**X（旧ツイッター）**：10代～30代が多く活用。男性が多かったが最近は男女差がない。「暇つぶし」や「趣味の情報集め」に多く使われている。

□**ティックトック**：Z世代（10代～20代前半）に爆発的な人気になっている。じわじわと上の世代に浸透している。

❸投稿の内容やキャッチコピーもお願いしよう

発信の方向性やネタだけでなく、具体的な文章やキャッチコピーも、もちろんAIに任せることができます。

たとえば「40代の働く女性に向けて、ダイエットサポートを売りたいので、インスタグラム投稿用のキャッチコピーを10パターンつくって」などと指示すれば、すぐに候補が出てきます。

たくさん出させて、よいものを選ぶといいでしょう。そのまま使うといまいちなものもありますが、自分の言葉で少し修正するだけでよいものに生まれ変わることも多いです。ゼロから考えるより格段にスピードアップします。

また、一つの投稿内容を、各SNSに合わせて文体を変えることもAIを使えば簡単です。

たとえばChatGPTやGeminiに、

「フェイスブック向けにはビジネス調、X向けにはフランクに、インスタグラム向けには絵文字を多めで書いてください」

などと指示を出してみましょう。

それだけでそれぞれに最適化された投稿文や関連のハッシュタグまで提案してくれます。

特にインスタグラムでは、ハッシュタグをどうつけるかが大事です。AIに相談しましょう。

❹分析と改善もＡＩにしてもらおう

投稿した後の効果の分析や改善案の提案もＡＩにさせることができます。

もし数か月分のＳＮＳ運用のデータがあればそれをＡＩに読み込ませましょう。

「どの時間帯・どんな内容の投稿が特にエンゲージメント（関係性）が高いか、分析して」などといった指示をすれば答えてくれます。

さらに「よい点と改善点を分析して」などと依頼すれば、データに基づいた改善の提案を瞬時にしてくれます。

そのようなデータがない場合も諦めてはいけません。

「Deep Research」の機能だと、Ｘやブログなどの公開されているアカウントであれば、分析してくれます。ＵＲＬを与えるだけでも大丈夫です。

たとえば、

以下は私のXのアカウントです。内容を分析して、どんな投稿が高反応か、今後の改善の提案をしてください。
https://x.com/○○

などと指示をすればいいのです。

投稿の分析の精度が日進月歩で高まっています。

このように分析から次の一手の改善アイデアまでをAIに助けてもらえるのです。たくさん頼って、発信の効果をどんどん高めていきましょう。

❺継続こそがカギ！　習慣化をAIと取り組もう

SNSの発信で成果を出すカギは「続けること」です。もし投稿が1回バズったとしても、そこでやめてしまえばフォロワーとの関係は深まりません。

AIに助けてもらえば、ネタ不足や時間不足で挫折するのを防げます。

たとえば「毎朝10分、ChatGPTに投稿アイデアを聞く。そのままインスタグラムにアップする」というような習慣を決めておくと、続けやすいでしょう。「タスク機能」といって、ChatGPTから決まった曜日や時間にチャットをしてもらう機能もあります。

発信を続けることでフォロワーとの信頼関係が築かれ、それが売上につながります。

「バズる投稿」もAIが提案!

SNSで大きな話題になり、一気に多くの人に認知されることを「バズる」と言います。英語の「buzz（バズ）」、ハチがブンブン飛ぶ音やざわつくという意味が日本語で動詞になり「話題になって盛り上がる」「口コミで広がる」という意味で使われるようになりました。

バズれば一夜でフォロワーが何千人、何万人と増えるかもしれず、認知の拡大には魅力的な現象です。「バズってみたい」と思う人もいるでしょう。

意図的にバズるのは難しく、起業の初心者にはなかなか手が出せないことでした。でもいまでは、AIを使うことで「比較的バズりやすい投稿」の方向性を分析することもできるようになってきました。挑戦し甲斐が出てきたのです。

❶過去の成功例を解析してもらおう

バズるヒントを得るには「過去にバズった投稿」を研究するのが手っ取り早い方法です。

具体的には「競合や業界内で大きな反響を得た投稿」をＡＩに探してもらい、その特徴を洗い出してもらうのです。

たとえば「ＳＮＳで人気のダイエット系アカウント10件を調べて、それぞれのバズ投稿の共通点を分析して」などとDeep Researchで依頼しましょう。

そうすれば、画像の内容や文体、投稿タイミングなど、共通点を洗い出してくれるかもしれません。そこから自分のアカウントに応用すればいいのです。

または、Ｘなどで急に特定のハッシュタグが盛り上がっているのを見つけたら、「このトレンドに乗った投稿の案を5個考えて」などと依頼すれば、関連するキーワードやユーモアを盛り込んだ投稿文を瞬時に提案してくれます。自分でニュースサイトやトレンドを追いかけてネタを考えるよりも、圧倒的に速いです。バズるためにはタイミングが命です。素早く分析して考えてくれるAIを使うと、有利になるのは当然です。

❷バズる要素をAIに盛り込んでもらおう

バズる投稿には、次のような要素があります。

□**驚きや発見がある**：読者が「知らなかった!」「すごい!」と感じる新情報や意外性
□**強い感情を喚起する**：笑える、感動する、怒りを覚えるなど、感情を動かす内容
□**共感しやすい**：多くの人が「わかる!」とうなずける、日常的なネタやユーモア
□**参加したくなる**：ポストしたくなる仕掛けや、ハッシュタグチャレンジへの誘導

AIはこのような傾向をすでに学習しています。だから「バズる投稿を考えて」と指示するだけでも、精度の高い投稿を考えてくれます。

もちろん自分で指示を工夫するのも効果的です。たとえば、

「驚きと共感を与える、○○の商品紹介の投稿を考えて」

などとお願いしてみましょう。すると、

「実は○○な機能が⁉　毎日の△△がちょっと楽しくなる、そんな◇◇をご紹介します！」

といったように、驚きの要素を上手に交えたコピーを提案してくれます。「このコピーに合うイラストを描いて」などと指示して、イラストを描かせることもできます。これまでの常識になかったような商品の売り方が見つかるかもしれません。

❸自分の感性でアレンジしよう

ＡＩが提案するバズりそうな案に、あなたの感性でひと工夫を加えることが大切です。

たとえば、

□ＡＩが考えたネタを実際の自分の商品やサービスに絡めてアレンジする

□あなたならではのユーモアを少し足す

といった調整です。

ＡＩの案はどうしても一般的になりがちです。そこに自分の業界ネタや自分がつかんでいる最新情報などの改良を加えると、共感や驚きをより得られる投稿になるでしょう。

❹バズるのを狙う投稿と、通常の投稿を使い分けよう

バズると多くの人に知ってもらえる可能性はありますが、常に狙うのは難しいものです。

そこで、現実的には、

□毎日の投稿では、コツコツとフォロワーの方との信頼を築く
□バズ狙いの投稿を時々して、多くの人からの認知を狙う

という作戦を取るのがよいでしょう。ＡＩに、

「バズるのを狙う投稿と通常の投稿の割合をどのくらいに設定すればいい？　調べて」

などと依頼するのも面白いでしょう。

バズりを狙った投稿がもし不発だったとしても、日々の投稿がしっかりしていればフォロワーとの関係に悪い影響は出ません。どちらも楽しんで続けてみましょう。

ブログ・メルマガ・広告・LPも
AIにおまかせ

AIが活躍するのはSNSの投稿だけではありません。ブログの記事や広告、ランディングページといった、集客のためのさまざまな発信も最近はAIに任せられるようになってきました。

自分でゼロから書くより圧倒的に早く、しかもトーンやキーワードも最適化してくれるので、これまでより効果的に集客ができるのです。具体的な方法を解説していきます。

❶ブログやメルマガのネタを書いてもらおう

SNSだけでは補いきれない、より詳しい情報を発信するためには、ブログやメルマ

ガが効果的です。でもこれらも「ネタがない」「書く時間がない」という問題がありました。でも状況が変わりました。ＡＩに、

「〇〇のテーマで、ブログ記事の魅力的な見出しを10個提案してください」

などと頼むと、すぐに候補が出てきます。さらに、

「あなたはＳＥＯに詳しいプロのブロガーです。これらの見出しで、読者が読みたくなる文章を書いてください」

などと指示すれば、下書きの原稿をすぐに書いてくれます。イラストも描いてくれます。

ＡＩに助けてもらって、魅力的なブログをたくさん書きましょう。

あなたの商品・サービスについて、宣伝っぽくならないようにブログやメルマガで紹介することも、ＡＩを使えば簡単です。3つの例を挙げます。

①課題解決型の記事

「〇〇に悩む人に向けて、日常で簡単にできる××の解消法を3つ紹介してください。その解消法の一つとして、自然な形で、私の△△を紹介してください」

②お客様の体験をベースにした記事

「40代女性が当社の△△を1か月間使った感想を次に載せます。その感想を、宣伝くさくならないよう、よりリアルで共感できる自然な文章にしてください」

③比較やランキングの記事

「○○を目指す人のために、無理なく××できるベスト5を紹介する記事を書いてください。その中で、私の△△をさりげなく取りあげてください」

ウソや捏造《ねつぞう》は違法ですが、より魅力的に伝えることは大切です。AIと一緒に工夫しましょう。

❷AIで広告を打とう

広告を使った集客も大切な戦略の一つです。フェイスブック広告やインスタグラム広告、グーグル広告など、1回たったの数百円といった金額で出稿できるものもたくさんあります。AIに広告の出し方も調べてもらいましょう。

でも「広告文をどう書けばいいかわからない」「広告のターゲット設定が難しい」と感じる方も多いでしょう。

ここでもAIが活躍します。たとえばChatGPTやGeminiに、

「○代の××な女性に向けて、1行で伝わる素晴らしい広告コピーを10個考えてください」

などと頼めば、キャッチーで心に響くコピーを対象に合わせて提案してくれます。

AIでつくった広告のほうが、人間がつくったものより反応率が高かったという話もよくあります。多くのプロのマーケターもAIを使っています。あなたもぜひAIを頼りましょう。

また、グーグルの広告やフェイスブック広告などには、AIによる対象を最適化する機能が実は備わっています。こちらで具体的なターゲットを決めなくても、AIが自動的に有望なターゲットを探してくれるのです。

少額でいくつかの広告を打ってみて、効果のある方を残したり、改良したりすることも

簡単になってきました。ＡＩとぜひチャレンジしてみましょう。

❸ＡＩで魅力的なランディングページをつくろう

広告やＳＮＳの投稿で興味を持ってくださった方に、最終的に申し込みや購入を促すためには「ランディングページ」が大切です。

Landingは着陸・上陸するという意味です。自分の商品・サービスに着陸してもらう（＝購入してもらう）というニュアンスになります。ＬＰ（エルピー）ともいわれます。

ＬＰの完成度で、売上が大きく変わることもよくあります。

ＬＰの文章をつくるのに、これまではプロのコピーライターに数十万円の費用を払うことも少なくありませんでした。でもいまは、最新のＡＩがかなりの部分をやってくれます。

「○○という商品を販売したいので、反応が取れるＬＰの構成を教えて」と聞けば、

□魅力的なキャッチコピー
□共感を高めるストーリーのパート
□購入のメリットの一覧
□購入ボタンの適切な位置

など、構成を具体的に提案してくれます。

あとは、あなたの商品・サービスや会社の情報を渡せば、素晴らしい文章を書いてくれます。あなたはそれをベースに修正するだけで、プロ並みの文章があっと言う間に完成するのです。

もし、AIの文章がいまいちだと思ったら「もっと魅力的なLPを書くために、必要な情報を私から引き出してください」などと、AIに質問させるのもよい方法です。

ランディングページを無料でつくれるWebサイトもたくさん増えています。それもAIに探してもらいましょう。

お金をかけられる人は、プロのWebデザイナーにランディングページのデザインを頼むのも一つの選択肢です。そのときも、文章をこちらで書ければ、安くなることがよくあります。ＡＩが使えるほど、コストを抑えることができるのです。

❹一貫性を持たせて「顧客の導線」をつくろう

ＳＮＳ、ブログ、メルマガ、広告、ＬＰ。多くの媒体で発信していると、お客さんがどこで最終的に申し込むのかわからなくなることがあります。

そこで大事なのが「全体像の設計」です。

ＡＩに自分のビジネスの詳細を渡して、

「私のビジネスにおける顧客の導線を設計してください」

などと指示してみましょう。

そうすると、

□ＳＮＳで興味を持つ

↓ブログで詳しい情報を得る
↓LPで申し込み
↓メルマガでフォロー

などといったステップを「見える化」してくれます。

こうした全体像をつくっておけば、どこで成約率が落ちているのかもつかみやすくなり、改善もスムーズに行えます。データを取って、それもAIに分析してもらえば、改善の素晴らしい具体策もすぐ考えてくれるでしょう。

「プロ並みのマーケティング」が一人起業でもできる！

マーケティングとは、簡単にいうと「売れ続ける仕組みづくり」です。

お客様が真に求めていることを見つけ、商品・サービスにし、適切な方法で届けるための仕組みの全体を指します。

専門的な知識がたくさん必要で、プロに依頼するのがこれまでは当たり前でした。

でもＡＩが登場したことで「一人起業でも高度なマーケティングができる」という道が開けたのです。ＡＩ時代に大切な、マーケティングの心構えを解説します。

❶素晴らしいコンテンツを発信することにこだわる

ＡＩが何でも一瞬でやってくれるとしても「質の低いコンテンツ」を大量に発信したら意味がありません。ＡＩを使ったそのような発信が増えているのは残念なことです。

ここで大切なのは「お客様の心を動かす」、そして「本当に役に立つ」コンテンツを発信し続けることです。

そのためには、あなたの強みを活かして、読者に本当に必要とされる情報を組み合わせて発信することが大切です。

具体的には、次のポイントを意識してみましょう。

□ユーザーの悩みや興味を深く理解する
□あなた独自の視点やストーリーを加える
□ＡＩにサポートを頼んで、内容をブラッシュアップする

❷ＡＩがつくってくれた時間で、顧客としっかり関わる

ＡＩにいろいろなことを任せるからといって「丸投げ」するだけで、簡単に売上が激増するわけではありません。ＳＮＳ上でお客さんがコメントしてくれたら丁寧に返信し、顧客とのコミュニケーションを育むことも大切です。

「こんなに人が集まったのはＡＩのおかげ。でも最後の決め手は、やっぱり人間同士のやり取りだった」というケースも多いのです。

ＡＩがまだ苦手とする、細やかな感情の機微や臨機応変な対応。それはあなたにしかできません。

ＡＩにマーケティングを助けてもらいながら、仕事を効率化する。

それで生まれた時間で、あなた自身の想いや個性を活かして発信し、しっかりコミュニケーションを取っていく。

それによって、フォロワーの方や顧客との強い絆を育んでいくことがとても大切です。

実例：AIで売上を飛躍させた成功者たち

最後に、AIを活用して売上を伸ばした事例を3つ紹介します。「こう使えば売上につながるのか」という成功イメージをつくり、あなたのビジネスにぜひ転用しましょう。

（事例1）コーチから起業コンサルに転身、講座の売上が5倍に！

背景：もともと個人向けのコーチとして活動していた多田啓二さん。もっと幅広い人をサポートしたいと思いつつも、自分の強みをどう活かせばよいか悩んでいた。

AIの活用：「コーチングの経験を活かした新しいビジネス展開」を相談。ターゲットやサービス内容の再定義、フェイスブックでの集客戦略のアイデアなどを得る。

結果：フェイスブックグループのメンバーが立ち上げから1年間で四千人を突破。講座の受講者が増え、売上はスタート時の5倍以上に。「起業支援コンサルタント」として多方面から講演やセミナーの依頼が来るようになった。

（事例2）観光客向けの売上が3倍に！

背景：ドラッグストアで働いている寺脇令子さんは、中国人観光客への販売にチャンスを感じつつも、言葉や文化の壁を感じ、手を打てずにいた。

AIの活用：ChatGPTに「どのようにアプローチすれば効果的なのか」と「中国人に響くPOP文と画像」の作成を依頼。

結果：試行錯誤する中で、どの商品をどう伝えると中国人に響くかがつかめ、観光客向けの売上がスタート時の3倍に。

（事例3）大衆食堂が売上を5倍に！

背景：神社の近くにある、ある大衆食堂は、経験と勘に頼った経営で来客数の予測が難しかった。売り切れや食品の廃棄ロス、従業員の労働環境にも課題を抱えていた。

ＡＩの活用：天候、近くのホテルの宿泊人数、過去の売上データなどをＡＩに分析させて「時間帯別の来客数」や「注文メニュー」を95%以上の精度で予測できるように。
結果：売上はＡＩを使い出す前の5倍、利益率は10倍に向上。従業員の有給の取得率も80%以上になり、労働環境も改善した。

成功事例に共通するポイントをまとめます。

□ターゲット選びをＡＩに任せて明確化する
□投稿内容のネタ出しから分析まで、ＡＩで負担を減らして習慣化につなげる
□売上や反応率をチェックして、ＡＩの助けで次の手を考える
□最終的な信頼を築くのは「人と人」のやり取り。ＡＩで生まれた時間を活かす

これらを大切にすることで、大きな成果を得られるのがＳＮＳ×ＡＩ時代のマーケティングです。あなたも今日からスタートさせましょう。

第7章

AIを活用して「長く続くビジネス」をつくる

事業を伸ばし続ける人と、途中で終わってしまう人の決定的な違い

ここまで、ビジネスのアイデア出しから集客・売上アップまで、ＡＩを活用して起業を加速させる具体的な方法を解説してきました。

しかし、起業で本当に大切なのは「長く続けられるビジネス」をつくることです。短期的に売上を上げても、疲弊してしまったり、市場の変化についていけなくなったりする人が多いのも現実です。

最終章では、ＡＩ時代に「持続的に稼ぎ続けるビジネス」をつくるためのポイントを解説します。

起業はゴールではなくスタートです。事業を「長く伸ばし続ける人」と「終わってしまう人」の違いをつかみ、ＡＩを使って仕事量を増やさずに売上を伸ばし続ける仕組みを

手に入れましょう。

❶行動力よりも、持続できる仕組みを大切にする

起業においてよく言われるのが「行動力が大切」ということです。確かに何もしなければ成果は出ません。でも行動力だけで突っ走ると、やがて息切れを起こしたり、方向を見失ったりしてしまうことが多いのも事実です。

特に、AI時代のいまは「スピード重視」なだけでなく「いかに長く走り続けられるか？」が大切です。世の中の変化が速いので、行動力だけの根性論ではすぐに疲れてしまいます。

❷短期的な売上より、持続的なお金の流れを見る

起業したばかりのときには、どうしても目先の売上に一喜一憂してしまいます。

でも本当に大切なのは「月々の売上が安定して入ってくる仕組み」をつくることです。多少のアップダウンはあっても、毎月一定の収入が見込める仕組みがあれば、安定的にビジネスを続けることができます。逆に「今月は大きく売れたけど、来月はゼロかもしれない」ということが続くと、精神的にも経営的にも安定しません。

サブスクリプションやリピートでの購入、継続的な契約など、長期的に支えてくださる顧客を増やすことをAIと一緒に考えましょう。

❸「全部を自分でやる」ことを手放す

特に起業の初期は、一人で何役もこなす「ワンオペ状態」になりがちです。最初はそれでもいいのですが、売上や案件が増えてくると、たちまちパンクしてしまいます。

ここで「人を雇う」「外注する」「AIに任せる」という発想を取り入れられるかどうかが、成功する人と失敗する人の大きな分かれ道になります。

いつまでも「自分で全部やらなくては」と思い込むと、限界が来て売上も伸びません。

ＡＩがこれだけ賢くなった今こそ、一人起業でも「スモールチーム」を持つ感覚を持つことが大切です。それによってビジネスを大きくできます。長く成功する人はこのことを早くからつかみ、負担を下げながら売上を伸ばす仕組みを整えています。

❹本質的な価値の提供を意識する

起業して売上が立ってくると、忙しくなってしまい「集客や売上を増やすこと」が目的になってしまうことがあります。

そうすると「顧客への価値の提供」という一番大切なことがおろそかになりがちです。すると、短期的には売れても長期的には飽きられてしまい、リピートや口コミが生まれません。

長く成功する人は「お客様が本当に求めている価値」をいつも意識して、地道な改善を続けています。そのためにＡＩを活用して、顧客データやフィードバックを分析しながら、価値を高めていくのです。

❺ＡＩを最大限に使いこなす

最後に、このＡＩ時代ならではの大きな違いを挙げます。やはりそれは、ここまで解説してきたとおり「ＡＩの力をフル活用できるか？」という点です。

ＡＩを使いこなす人はスピードや効率だけでなく、新たなチャンスを見つけるのも早いです。ＡＩを使いきれない人は、残念ながら時間と労力を浪費しがちで、結果としてビジネスの成長が遅れてしまいます。

これからますますＡＩは進化していきます。もう「ＡＩを使うかどうか？」を考えているようでは、時代に乗り遅れてしまいます。

「使うか」ではなく「ＡＩをどうやって最大限に使いこなすか？」という発想が大切です。

ＡＩを使って「仕事を増やさず、売上を増やす」具体的な方法を見ていきましょう。

AIを使って仕事を増やさず、売上を増やす

起業を軌道に乗せていくと、最初はワクワクしながら「もっと売上を伸ばそう」と行動できます。自分の想いに賛同してお金を払ってくださる方がいるのは、何にも代えがたい喜びがあります。

でも売上をさらに伸ばそうとすると、どうしても仕事量が増えがちになります。10時間働いて10万円の売上が立つのなら、2倍働けば2倍稼げることは小学生でも計算できます。でも一日は24時間しかないので、時間も体力も足りなくなってしまうというジレンマに陥ります。

そうなると、

「仕事を抱えすぎて品質が落ちる」

「徹夜続きで体調を崩す」

「家族との時間が犠牲になる」

という悪循環になることが多いのです。これでは長続きしませんし、ビジネスもいずれ停滞してしまいます。

ここでは、仕事を減らしながら売上を伸ばすための考え方とＡＩの活用法を解説します。

❶80対20の法則で業務を見直そう

ビジネスの世界で有名な「パレートの法則」があります。「80対20の法則」とも言われます。

成果の80％は全行動の20％から生まれるという経験則です。逆にいうと残りの80％の仕事はあまり成果に直結しない「無駄」かもしれないということです。

まずは自分の仕事を棚卸しして、一週間の業務をすべて書き出してみましょう。そして一つひとつについて「これは成果（売上）に直結しているか？」と問い、特に重要な20％

の仕事を特定します。AIと一緒にやると整理しやすいでしょう。

そして、残りの80％の仕事を減らせないか、または他の手段（外注やツール、AIなど）で対処できないか検討します。

❷業務を「削減・自動化・外注」しよう

重要度の低い仕事がわかったら、次はそれをどうするかを考えます。具体的には次の3つの方法が考えられます。

①減らす

やらなくても大きな問題にならない仕事は思い切ってやめます。たとえば毎日の長い会議や、形式的な報告書の作成など、本当に必要なのかを改めて考えましょう。

また「とりあえず引き受けた仕事」で自分の時間が埋まらないように「やらないことリスト」をつくるのも効果的です。

これは「やらないと決めたこと」を明文化したリストで「不要な会議には参加しない」「依頼を安請け合いしない」など、自分の中のルールをつくります。

②自動化する

定型的に反復できる仕事は、ＡＩなどに任せます。

たとえばデータの入力や集計、レポートづくりは自動化の余地が大きいでしょう。ＡＩにメールやレポートの下書きをつくらせれば、その時間をとても短くできます。

「ノウハウ」や「成功パターン」をテンプレート化することも検討しましょう。それをＡＩに組み込めば、さらに効率が上がります。

たとえば、よく使うメールや提案書のテンプレートはＡＩをカスタマイズしておけば、ほとんどのことを自動化できます。

これによって、いままで１つずつ考えていた作業の時間を大幅に減らせます。

③外注する

自分が苦手な仕事やコストに見合わない仕事、ＡＩでやってみても難しい作業は、専門家に任せましょう。デザインの制作や法律関連の書類の作成など、プロに依頼した方が質も高くて時間も節約できることはたくさんあります。ＡＩで調べれば、評判がよくて安くやってくれる専門家もすぐに見つかるでしょう。

このような取り組みによって、あなたが本当に力を注ぐべき20％の核となる仕事に集中できる環境をつくることができます。

❸ＡＩとタスクを分担するコツ

ＡＩに任せるべきか、人間がやるべきかを迷ったときは、次の3つの基準で考えてみましょう。

①ルーチンワークかどうか

繰り返し作業やパターン化できる仕事は、ＡＩと相性がいいです。

②創造性や対人コミュニケーションが必要か

感性や人間らしさが求められる部分は、あなたが担当したほうがよいでしょう。

③データの分析や情報の収集が多いか

これらは人間が時間をかけるより、ＡＩが一瞬でこなせるので、迷わず任せましょう。

こうして仕事を振り分ければ、あなたは「新商品の企画」「顧客の対応」「ビジネスの方向性の見直し」といったコアな仕事だけに集中できます。結果的に「やることを減らしつつ、売上や価値を増やす」好循環が生まれます。

成功する人の「AI活用習慣」5選

最後に、長期的に成果を上げ続ける人々が、共通して身につけているAI活用の習慣をまとめます。技術は使いこなしてこそ、初めて価値を生み出します。毎日の習慣として、AIをどのように取り入れるかが大きな差となるのです。

次にあげる習慣は、特にこのAI時代にとても大切です。

❶毎日10分のAIミーティング

成功している起業家の多くは、AIとの対話を「毎日の習慣」にしています。

たとえば、朝に10分だけChatGPTやGeminiを使って「今日やるべき最重要な仕事」を洗い出したり「新しい情報の収集」をしたりするのです。

たとえばChatGPTには「タスク機能」といって、事前に定期的な作業をセットしておいて、ChatGPTから決まった時間に通知を送らせることもできます。

このような工夫によって、常に最新のアイデアや効率化のヒントが得られて、仕事の優先度を見直すきっかけにもなります。短い時間でも、コツコツ続けることで大きな差が生まれます。

❷気になったことはすぐＡＩに指示

ビジネスをまわしていると、お客様のアンケート結果やＳＮＳの反応、売上の推移など、気になるデータがいろいろと出てきます。このとき「あとで分析しよう」と後まわしにすると、タイミングを逃しがちです。

成功している起業家は「気になったらすぐＡＩに指示する」という習慣を持っています。わずかな時間で傾向をつかめるため、素早く意思決定ができます。小さなデータでも積み上げれば、やがて大きなノウハウにつながります。

またアイデアを思いついたときもそのままにしていると忘れてしまいます。ＡＩに「このアイデアを、ベストセラーになる新商品の企画書にしてください」などと指示をすれば、すぐに素晴らしい企画書を書いてくれます。そうすれば、いつでも見返すことができ、アイデアが埋もれてしまうのを防ぐことができます。

❸「自分がやるべきか？」を考え、ＡＩにできるだけ任せる

業務が発生するたびに「これは自分にしかできない仕事か？　それともＡＩでもできるか？」と自問してみたり、ＡＩと考えてみたりするのもお勧めです。

意外な業務がＡＩに置き換えられることに気づくかもしれません。

「とりあえず自分でやる」が口ぐせになっている人は、意識してＡＩに任せる習慣をつくりましょう。最初は怖いかもしれませんが、ＡＩは思った以上にスムーズにあなたの仕事をこなしてくれます。

そうやって少しずつ自分の負担を減らして、大切な仕事に集中する体制を整えるのです。

❹ AIと長期的につき合う

長期的な視点でAIとつき合うこともとても大切です。AIの短期的なブームに乗るのではなく、常に学び適応しながら、AIをパートナーとしてビジネスを育てていきましょう。AIの進化はこれからもずっと続いていくのです。たとえばAIは、近々「エージェント（代行者）」に進化していきます。まさに自分の代わりに、より自律的に仕事をしてくれるようになります。

長期的な視点を持つことで、変化に強い持続可能なビジネスの構築がしやすくなります。

❺ AIを自分の能力の拡張として捉える

長期的にAIとつき合うには、AIをただの道具ではなく、自分の知的なパートナーと捉えることです。ある研究では、参加者の68％がＡＩの出力を修正せずに、そのまま使っているそうです。これはＡＩを「魔法の箱」のように捉えている残念な習慣です。

成功する人はそうではなく、ＡＩの提案を踏まえて自分の判断や創造力をさらに高めるために活用しています。たとえば、ＡＩが出したたたき台を自分で修正したり、さらなるアイデアを加えたりして、よりよいアウトプットをつくる、ということです。

このように、ＡＩを「自分の考える能力を増幅させるパートナー」と見てみましょう。たとえるなら、自動車によって自分の「移動する」という能力が拡張されたように、ＡＩによって自分の「脳力」が拡張していると捉えるのです。こう捉えると、ＡＩに頼りすぎることなく、自分も成長させることができます。

ＡＩは魔法の箱でも杖でもありません。でも、使い方次第で、私たちのビジネスの可能性も能力も、飛躍的に拡大してくれます。適切に使えば「やることは減るのに成果が増える」という革命も起こせるのです。ＡＩをどんどん頼っていきましょう。

おわりに
未来を変える、最初の一歩を踏み出そう!

ここまで読んでいただき、本当にありがとうございました。

この本を通して、「AIを活用すれば、誰でも起業に踏み出せる」ということを、具体的なステップや事例とともにお伝えしてきました。

少し前までは、「起業なんて特別な人だけができる」と思われていたかもしれません。でも2025年に入り、AIが多くの壁を低くしました。スモールスタートであれば誰でも着実にビジネスを育てるチャンスを手にできるようになりました。

AIは、あなたの「起業のアイデア」を形にする道具であるだけではありません。むしろ、あなたの中にまだ眠っている可能性や、得意なことを引き出す「パートナー」になり得る存在です。

たとえば「自分には特別なスキルがない」「お金がない」「集客が難しそう……」といった不安も、ＡＩがしっかりサポートしてくれます。


あなたが思いつかない角度でアイデアを広げてくれるのもＡＩなら、地道な作業を一瞬で終わらせてくれるのもＡＩです。

売上を伸ばす仕組みづくりにも、長期的にビジネスを続けるための分析や改善にも、ＡＩは全力で力を貸してくれます。


もちろん、ＡＩを使えばすべてがうまくいくわけではありません。最終的なアイデアの仕上げや、お客様と向き合うコミュニケーション、ビジネスの方向性を決める判断は、あくまでも「あなたにしかできない」重要な役割です。

でも、それこそがＡＩ時代における人間の価値です。繰り返しの作業や情報の分析はＡＩに任せて、人間だからこそ提供できる温かみや創造性、想いやメッセージをビジネスに注ぎ込む。

そこにこそ、あなたらしさが輝き、ファンやリピーターが生まれていくのです。

起業はゴールではなく、新たなスタートラインです。一歩を踏み出した先には、楽しいことや学びがたくさん待っています。

「うまくいくかどうかわからない……」という不安もあるかもしれません。でもAIを味方にすれば、小さく試してすぐに修正できるので、リスクは想像よりもずっと低く抑えられます。むしろ、失敗があったとしても、そこから学ぶことで次のステップへのヒントがつかめるはずです。

最後に改めて、あなたに質問があります。

「AIがこれだけ賢くなり何でも助けてくれるとしたら、あなたはどんなビジネスをしたいですか？」

「その先に、どんなワクワクする未来が待っていると感じますか？」

この本で取り上げた具体的な方法や事例は、あくまでヒントにすぎません。いまこそ、ＡＩのサポートを得ながら、あなたの創造力と行動力で、世界に一つだけのビジネスを始めるときです。

ＡＩが開いた可能性の扉の先にあるのは、あなたが描く新しい物語です。

誰にも遠慮はいりません。ワクワクする気持ちを大切に、あなたらしい起業ストーリーを歩んでいきましょう。

あなたが、この本をきっかけに新しい未来を切り開き、輝くステージに進んでいくことを心から応援しています。そして、近々どこかでお会いできることを楽しみにしています。

加納敏彦

●著者プロフィール

加納敏彦（かのう・としひこ）

AI実践家、コーチ、お金の専門家
2018年、金融商品を販売しない完全中立なお金のアドバイザーとして、大手金融機関から独立。AIやNFTを活用した起業・副業の相談から、相続・資産運用、結婚・離婚の相談まで、真の願望を実現させるコーチングを行っている。企業向けにはChatGPTの社内導入コンサルティングや研修、NFTを使った資金調達のサポートなど、最新技術を使った業績アップや社員教育に力を入れている。学生向けには、椙山女学園大学外国語学部の「社会関与プロジェクトB」において2024年からゲスト講師を務め、AIを活用した社会参画とキャリア形成をテーマに学生を指導。社会で活躍する次世代の育成にも取り組んでいる。AIとWeb3が進化した未来に、資本主義の先の「優しい世界」をつくるというビジョンの実現に向けて精力的に活動中。
著書に『初心者でもOK　ゼロから稼げるChatGPT入門』『目的別!仕事で使えるAI活用事典』『揉めない損をしない プロが教える相続の手続きと対策のすべて』『親・身内が亡くなった後の届出・手続きのすべて』（きずな出版）、『NFT・メタバース・DAOで稼ぐ!』（かんき出版）がある。
金融やAIなどの難しいテーマを、わかりやすく易しく解説した文章で人気になっている。

●執筆協力
米田正明（かえる合同会社代表）
弁護士　藤原寿人（東京中央総合法律事務所）

◎読者の方限定◎

3大プレゼントのご案内

あなたに、AIをより使えるようになっていただくために
特別なプレゼントを3つ、ご用意しました
下のQRコードからぜひ、プレゼントを受け取ってください！

https://resast.jp/inquiry/MWI5MjI2Y2Y0Y

プレゼント❶ 本書の読者限定！オリジナルGPT

本書を学習させたChatGPTにアドバイスをお願いすれば
この本の内容に沿って、私の代わりに回答してくれます
本を読みながらChatGPTから
本に沿ったアドバイスがもらえるという
「新時代の読書体験」をぜひお楽しみください！

プレゼント❷ コピペして使える！ 実践プロンプト集

本書では、AIから素晴らしい回答を引き出すための
効果的な指示（プロンプト）の例をたくさん紹介しています
しかし、それを見ながらご自身で入力するのは大変でしょう
そこで例文の指示を、そのままコピペできるPDFをプレゼントします！

プレゼント❸ 無料Zoomセミナーにご招待！

生成AIの進化は目を見張るものがあります
毎日、新しいニュースが目に飛び込んできます
そこで、不定期になりますが、このプレゼントに登録くださった方には
メールでAIの最新情報をお届けしたり
無料のZoomセミナーを開催して、アフターフォローしていきます
セミナーは数か月に1回を予定しています
予告なく終了することもありますので
お早めにこのプレゼントフォームからご登録ください！

AIで加速する! 起業の教科書

2025年5月10日　初版第1刷発行

著　者　加納敏彦
発行者　櫻井秀勲
発行所　きずな出版
東京都新宿区白銀町1-13　〒162-0816
電話03-3260-0391　振替00160-2-633551
https://www.kizuna-pub.jp/

印　刷　モリモト印刷
ブックデザイン　福田和雄（FUKUDA DESIGN）

ISBN978-4-86663-279-7